中国银行业监督管理委员会

2013 年报

中信出版社
CHINA CITIC PRESS

图书在版编目（CIP）数据

中国银行业监督管理委员会 2013 年报 / 中国银行业监督管理委员会办公厅编著 . -- 北京 : 中信出版社, 2014.6

ISBN 978-7-5086-4557-5

Ⅰ . ①中 · · · Ⅱ . ①中 · · · Ⅲ . ①银行监管 – 中国 – 2013 – 年报 Ⅳ . ① F832.1-54

中国版本图书馆 CIP 数据核字 (2014) 第 080024 号

中国银行业监督管理委员会 2013 年报

CHINA BANKING REGULATORY COMMISSION 2013 Annual Report

编　　著: 中国银行业监督管理委员会办公厅

策划推广: 中信出版社（China CITIC Press）

出版发行: 中信出版集团股份有限公司（北京市朝阳区惠新东街甲 4 号富盛大厦 2 座　邮编 100029）

（CITIC Publishing Group）

承 印 者: 北京达利顺捷印务有限公司

开　　本: 889mm × 620mm　1/16　　印　　张: 10　　字　　数: 295 千字

版　　次: 2014 年 6 月第 1 版　　印　　次: 2014 年 6 月第 1 次印刷

书　　号: ISBN 978-7-5086-4557-5/F·3187

定　　价: 105.00 元

声明：除特别注明外，本年报数据均为法人口径数据，货币单位均为人民币。

本年报以中文版为准，英文版仅供参考。

本年报由银监会办公厅负责解释。

服务热线: 010-84849283

服务传真: 010-84849000

http://www.publish.citic.com

E-mail: sales@citicpub.com

author@citicpub.com

目录

专栏

图表

主席致辞

2013年，面对复杂多变的国内外形势，全国银行业系统把满足经济社会对金融服务的各项要求作为奋斗目标，坚持稳中求进的工作总基调，一手抓科学发展，一手抓风险防范，各项工作取得明显成效，银行业保持了平稳健康运行态势。

我们注重方向引领，着力加强对经济结构调整和转型升级的金融支持。面对经济下行压力和转型要求，准确把握银行业支持实体经济着力点，盘活存量、用好增量，有保有压、有扶有控，提升金融资源配置效率，推动提高实体经济发展的质量和效益。把握好新增信贷投向，引导信贷向重大项目、新兴产业、消费升级、民生工程等领域倾斜。积极支持产业结构调整，推进实施绿色信贷，调整并购贷款政策，支持化解产能过剩。通过推进信贷资产证券化、完善不良贷款核销政策等方式，积极盘活存量信贷资源。改进"三农"和小微企业金融服务，推动健全组织体系，创新服务机制、渠道和产品，细化差异化监管政策，完善考核通报，强化督查落实，推动形成了各方合力支持小微企业的新格局，农村金融服务不断改善。优化机构网点布局，银行业新增机构网点向西部欠发达地区倾斜，向社区乡村倾斜。总体上看，全年货币信贷总量保持合理增长，信贷结构持续优化，重点领域和薄弱环节得到较好支持，"三农"和小微企业贷款实现"两个不低于"，银行业服务效能进一步改善。

我们保持政策定力，坚定不移地防控系统性区域性风险。面对错综复杂形势，我们坚持底线思维，牢筑风险防线，守住风险底线，及早研判风险演变趋势，准确锁定重点风险，层层建立风险责任制，及时有效处置风险。针对地方政府融资平台、房地产、过剩产能贷款和流动性等重点领域的风险，以及部分企业集团、部分区域发生的金融风险，我们保持监管政策的稳定性，持之以恒地做好风险防范化解工作。针对一些银行新兴业务、表外业务快速发展引发的风险苗头，适应金融市场变化，及时明确监管规则，引导新业态规范发展。加强同业、理财资金投资运作管理，坚持疏堵结合、标本兼治，理财无序发展态势得到遏制。认真研究影子银行表现形式和风险所在，推动明确了我国影子银行的概念、范围和监管责任。积极协调处置非法集资活动，推动融资性担保公司规范运作，削减银行业的各类安全隐患。在不良贷款反弹压力加大的情况下，银行信贷资产质量基本稳定，商业银行不良贷款率、拨备覆盖率、资本充足率与国际同业相比处于较好水平，守住了风险底线。

我们注重改革创新，为行业持续健康发展注入更多动力活力。面对银行业发展内外部条件发生的巨大变化，以改革创新的精神、思路、办法把握机遇，迎接挑战，破解制约发展的羁绊和难题，进一步释放和发展银行业生产力。确立涵盖银行业机构、服务、管理、监管、市场“五大体系”建设任务的改革总体目标，努力建成适应社会主义市场经济、有效支持实体经济发展的现代银行业体系。注重完善公司治理，促进各治理主体规范行使权力、履行义务，推动建立科学的发展战略和绩效考评体系。明确银行各类业务本质，科学设置发展原则和风险底线，鼓励金融创新。破题民营银行，强调发起人资质，坚持严格审慎监管标准，实行有限业务牌照，预设市场退出安排，确保试点有新机制新面貌。鼓励符合条件的中资银行“走出去”，支持符合条件的境外银行在华设立分支机构、参股中资银行业金融机构，推动中国上海自贸区金融改革创新。通过深化改革开放，银行业机构体系得到丰富完善，公司治理制衡约束机制开始发挥作用，机构发展更加注重风险收益平衡，业务结构逐步优化，经营效益保持稳定，业务产品创新能力明显提升。

我们强化监管建设，坚持寓监管于服务之中，完善体制机制，创新方法手段，促进监管效能提高。按照转变政府职能、简政放权的要求，主动取消一批行政审批事项，进一步规范审批和准入行为。与时俱进地完善监管制度体系，顺应国际监管改革新趋势，出台有关资本、流动性风险管理办法，加强系统重要性银行监管，强化消费者保护，新资本管理办法顺利通过国际评估，达到世界公认水平。加强与社会公众的沟通，及时回应公众诉求，准确解读热点问题，增强了监管公信力。

2014 年是全面贯彻落实党的十八届三中全会精神的第一年，是完成“十二五”规划目标任务的关键一年，银行业改革发展监管任务重大而艰巨。世界经济缓慢复苏，深化改革全面启动，新型城镇化建设有序推进，化解产能过剩和实施创新驱动发展持续加力，金融市场发展不断深化，这些都为银行业加快转型发展创造了有利条件。同时，国际经济金融形势依然复杂多变，我国经济增速换挡，新兴金融业态快速兴起，这些也给我们带来了更大挑战，考验我们的应变能力和风控水平。

在新的机遇和挑战面前，我们要坚持问题导向，把握底线思维，增强机遇意识，遵循稳中求进的总基调，进一步推进中国银行业改革发展和监管工作，从容应对各种形势变化对银行业改革发展的新要求，从改革发展全局出发，着力深化银行业改革开放，着力改进金融服务，着力防范金融风险，不断提高银行业运行效率和服务实体经济能力，不断谱写出银行业改革发展新篇章。

尚福林

中国银行业监督管理委员会　主席

2014 年 5 月

银监会简介

（一）历史沿革

2003 年 3 月 10 日，十届全国人大一次会议决定，设立中国银行业监督管理委员会（以下简称银监会）。2003 年 4 月 28 日，银监会正式挂牌成立。2003 年 12 月 27 日，十届全国人大常委会第六次会议通过《中华人民共和国银行业监督管理法》。根据法律授权，银监会负责对全国银行业金融机构及其业务活动的监督管理。银监会着眼于维护银行体系稳定，保护存款人和金融消费者权益，促进银行业更好满足经济社会的金融需求，改革创新，与时俱进，推进银行业改革发展，监管事业取得新成绩。特别是近五年来，面对国际金融危机影响和国内经济下行考验，银监会顺应国际最新监管改革趋势，结合我国经济金融实际，积极构建宏观审慎与微观审慎相结合的监管体系，注重通过前瞻有效监管，深化银行业改革开放，鼓励金融创新。我国银行业保持了稳健运行态势，银行业运行效率和服务实体经济能力明显提升。

2009 年，按照“保增长和防风险相结合、当前与长远相结合、治标与治本相结合”目标，在防范风险前提下，引导银行业加大对实体经济支持力度。为有效应对国际金融危机冲击，出台促进经济稳定发展十条措施，引导信贷合理投放，支持国内经济回升向好；出台进一步加强信贷结构调整政策，启动空白乡镇基础金融服务全覆盖工作，成立融资性担保业务工作部，缓解小企业融资担保难，改善小企业金融服务。在风险监管方面，重点加强对贷款集中度过高、信用卡及票据业务违规、项目资本金不到位、贷款被挪用和违规流入股市等的监管纠偏，遏制案件高发势头，布防危机蔓延可能带来的跨境风险。坚持制度先行，夯实监管基础，制定"三个办法、一个指引"等贷款新规，从根本上规范信贷资金使用，促进资金进入实体经济；建设审慎监管工具箱，强化逆周期监管，开展了动态资本、大额风险集中度、贷款价值比率（LTV）、压力测试、现场检查分析系统（EAST）等方面的创新和实践。积极参与国际监管改革，银监会成为金融稳定理事会和巴塞尔银行监管委员会正式成员。

2010 年，把握监管主动权，加强前瞻介入监管，促进银行业稳健发展。推动银行机构科学制订信贷计划，适当缩减规模和业绩指标考核权重，从内在机制上遏制盲目扩张，基本实现了全年"3: 3: 2: 2"的季度信贷投放节奏。在关键环节推动机构改革取得新进展，农业银行 A+H 股上市标志着大型商业银行顺利完成股份制改革，农村商业银行实现首家上市，信达资产管理股份有限公司正式挂牌，4 家消费金融公司先后开业，外资银行法人化政策稳步推进，银行业稳健薪酬、信息披露等制度得到进一步完善。着力突出薄弱环节金融服务，支持新疆、西藏经济社会发展，加大保障性安居工程建设信贷投入。积极防控重大系统性和代偿性风险，将不良贷款考核重点转向风险管理的扎实深入程度、科学精细化水平、风险早期暴露充分性，推进地方政府融资平台贷款分类处置，布防高风险房企风险暴露，清理规范银信不当合作，积极运用相关调查权提高监管效能。制定提高我国银行业监管有效性中长期规划和第二版、第三版巴塞尔协议同步实施计划，积极参与金融部门评估规划和"核心原则"评估。

2011 年，紧紧围绕"主题主线"，坚守风险底线，促进科学转型，实现了"十二五"良好开局。落实"十二五"规划安排，督促加强对战略性新兴产业、绿色低碳等重点产业行业和社会民生领域的信贷支持，严控"两高一剩"行业信贷投放，加快促进金融服务均等化建设。着力改善银行业同实体经济互利共赢关系，推动免除 11 类 34 项银行基础服务收费。强化风险监管执行力，狠抓平台贷款抵质押担保整改率、按"三个办法、一个指引"等贷款新规走款率、中长期贷款还款方式整改率等三项重要工作进度；完善风险监管基础设施，成立信息科技风险管理高层指导委员会，加强银行业数据质量治理；对金融机构衍生产品交易业务、银信合作理财业务、信用卡业务等出台专门文件，提出风险监管要求，并强化与民间融资之间的防火墙建设，增强对风险的早发现、早干预、早处置能力。加快完备审慎监管体系，出台杠杆率管理办法、贷款损失准备管理办法以及金融资产管理公司并表监管指引，印发中国银行业实施新监管标准指导意见。举行两岸银行业监管当局首次磋商，举办首次香港银行家内地经济金融高层研修班。

2012 年，在保持政策连续性、稳定性基础上，以提高监管实效为目标，加强监管政策预调微调。围绕融资平台、房地产、流动性、案件、表外业务和信息科技六大重点风险，全面推进风险排查，层层落实风险责任制，并稳妥应对少数行业信贷风险、少数企业集群风险和少数地区民间融资、企业担保等风险苗头。通过及时微调监管政策改进金融服务，微调重点项目和融资平台监管政策，合理满足国家重点建设项目和薄弱环节需求；明确提出"七不准"和"四公开"基本原则，深入整治存贷款和服务收费两大领域存在不规范经营问题；确立农业科技创新、持续增强农产品供给保障能力的支农重点，做好老少边穷地区金融服务工作。强化监管法制建设，正式出台中国银行业新资本管理办法，制定实施过渡期和新资本工具有关安排，出台鼓励和引导民间资本进入银行业的实施意见，进一步完善绩效考评、监事会履职、专营机构建设等监管制度，为深化银行业改革和转型发展创造有利条件。设立银行业信息科技监管部和银行业消费者权益保护局，完善监管职能，统筹推进相关工作。

2013年是银监会成立十周年。十年来，在党中央、国务院的正确领导下，银监会践行为民监管理念，坚持保护存款人合法权益的监管目标，坚持服务实体经济的监管导向，坚持风险为本的监管理念，坚持国际标准与我国实际相结合的监管制度，坚持不断加强干部队伍建设，引导我国银行业紧紧把握战略机遇期，加快改革步伐，应对风险挑战，提升服务水平，并持续改进自身监管能力，积累了大量的改革创新和风险监管经验，开创了中国银行业平稳、健康、可持续发展的新局面，探索走出了一条具有中国特色的银行业改革发展和监管的道路。

（二）目标与任务

法定目标：促进银行业的合法、稳健运行，维护公众对银行业的信心。保护银行业公平竞争，提高银行业竞争能力。

法定任务：负责对全国银行业金融机构及其业务活动实施监督管理。

监管目标：通过审慎有效的监管，保护存款人和其他客户的合法权益；通过审慎有效的监管，维护公众对银行业的信心；通过宣传教育和信息披露，增进公众对现代银行业金融产品、服务的了解和相应风险的识别；努力减少银行业金融犯罪，维护金融稳定。

（三）理念与方法

理念：管法人、管风险、管内控、提高透明度。

方法：遵循“准确分类—提足拨备—充分核销—做实利润—资本充足”的持续监管思路，对银行业金融机构实施以风险为本的审慎有效监管。

良好的监管标准：促进金融稳定和金融创新共同发展；努力提升我国银行业在国际金融服务中的竞争力；各类监管设限科学、合理，有所为、有所不为，减少一切不必要的限制；鼓励公平竞争，反对无序竞争；对监管者和被监管者实施严格、明确的问责制；高效、节约地使用一切监管资源。

（四）管理层

主席　尚福林

主持银监会全面工作，兼任党校校长

副主席 周慕冰

主要负责大型商业银行、农村商业银行、农村合作银行、农村信用社、新型农村金融机构监管，财务会计、机关服务（含政府采购）和廊坊教学基地工作

副主席 郭利根

主要负责银行业信息科技监管、银行业消费者权益保护、组织人事、宣传、机关党建、党校、系统工会、系统团委、信息中心和中国金融工会工作

副主席 王兆星

主要负责政策研究、外资银行监管、统计、国际事务和博士后工作

纪委书记　杜金富

主要负责政策性银行及国家开发银行、邮政储蓄银行、金融资产管理公司监管，纪检监察、业务创新监管协作、银行业案件稽查（银行安全保卫）、处置非法集资工作

副主席　阎庆民

主要负责法规，股份制商业银行、城市商业银行监管，融资性担保业务和培训工作

主席助理　杨家才

主要负责办公事务、非银行金融机构监管、联系和指导银行业协会工作

致谢：银监会原副主席蔡鄂生（2013 年 5 月起不再担任银监会副主席职务）。

注：截至 2013 年报出版日。

（五）国际咨询委员会

银监会国际咨询委员会经国务院批准成立，由银监会邀请国际金融业知名人士组成。主要对我国银行业长期发展战略和银行业监管等问题提供咨询。委员会每年召开一次会议。

国际咨询委员会外方委员名单

沈联涛
Andrew Sheng

香港证券及期货事务监察委员会前主席
现任银监会首席顾问

杰拉尔德·科里根
Gerald Corrigan

美国纽约联邦储备银行前行长
现任高盛银行（美国）董事长

霍华德·戴维斯爵士
Sir Howard Davies

英国金融服务局前主席
英国伦敦政治经济学院前院长
现任英国保诚集团董事、美国摩根士丹利集团董事

罗杰·福格森
Roger Ferguson

美国联邦储备委员会前副主席、美国公开市场委员会前委员（有表决权）、金融稳定论坛前主席
现任美国教师退休基金会总裁兼首席执行官

伊恩·麦克法兰
Ian Macfarlane

澳大利亚联邦储备银行前行长
现任澳新银行董事

庞·约翰爵士
Sir John Bond

汇丰集团董事局前主席
沃达丰集团前董事长
现任斯特拉塔公司董事会主席

汤姆·德·斯旺
Tom de Swaan

巴塞尔银行监管委员会前主席
现任葛兰素史克公司审计委员会主席

希拉·贝尔
Sheila Bair

美国联邦存款保险公司前主席
现任系统风险委员会主席、皮尤慈善信托基金会高级顾问

约瑟夫·阿克曼
Josef Ackermann

德意志银行董事会前主席
现任苏黎世保险公司总裁

欧智华
Stuart Gulliver

现任汇丰控股有限公司集团行政总裁兼香港上海汇丰有限公司主席

让·克洛德·特里谢
Jean-Claude Trichet

法国中央银行前行长、欧洲中央银行前行长

史美伦
Laura Cha

香港证监会前副主席、中国证监会前副主席
现任香港金融发展局主席、香港行政会议成员、汇丰香港公司非执行董事

（六）系统内部架构图

截至 2013 年底，银监会系统机构包括：银监会机关、监事会、金融工会、36 个银监局、306 个银监分局、1,730 个监管办事处，另设北戴河培训中心、沈阳培训中心、顺德培训中心、廊坊培训中心。

1. 会机关

部门	主要负责人
办公厅（党委办公室）	杨家才（兼）
法规部	黄　毅
政策研究局	刘春航（兼）
银行监管一部	肖远企
银行监管二部	杨丽平（女）
银行监管三部	段继宁（女）
银行监管四部	沈晓明
非银行金融机构监管部	李建华
合作金融机构监管部	姜丽明（女）
银行业信息科技监管部（信息中心）	谢翀达
业务创新监管协作部	王岩岫
银行业消费者权益保护局	刘　元
融资性担保业务工作部	牛成立
银行业案件稽查局（银行业安全保卫局）	苏保祥

部门	主要负责人
处置非法集资办公室	刘张君
统计部	刘春航
财务会计部	胡永康
国际部（港澳台事务办公室）	范文仲
监察局（纪委）	廖有明
人事部（党委组织部）	吴　跃
宣传工作部（党委宣传部）	肖　璞
机关党委	龚建德
党校	潘光伟
系统工会	张东风
团委	郭　鸿
培训中心	罗　平
机关服务中心	张中奇

缅怀：非银行金融机构监管部原主任李建华。

2. 派出机构

银监局	主要负责人
北京银监局	阎庆民（兼）
天津银监局	余龙武
河北银监局	郭锦洲
山西银监局	王占峰
内蒙古银监局	薛纪宁
辽宁银监局	李　林
吉林银监局	高　飞
黑龙江银监局	赵江平
上海银监局	廖　岷
江苏银监局	于学军
浙江银监局	韩　沂
安徽银监局	陈　琼（女）
福建银监局	周民源
江西银监局	马忠富
山东银监局	陈育林
河南银监局	李伏安
湖北银监局	邓智毅
湖南银监局	李赛辉

银监局	主要负责人
广东银监局	刘福寿
广西银监局	曾向阳（女）
海南银监局	王晓辉
重庆银监局	洪佩丽（女）
四川银监局	王筠权
贵州银监局	李均锋
云南银监局	王朝弟
西藏银监局	李明肖
陕西银监局	凌　敢
甘肃银监局	谢　凝
青海银监局	冷云竹（女）
宁夏银监局	安　宁
新疆银监局	赖秀福
大连银监局	原　飞
宁波银监局	吉　明
厦门银监局	王泽平
青岛银监局	熊　涛
深圳银监局	熊良俊

银监会系统职工摄影作品

01

经济金融形势与银行业概况

· 经济金融形势
· 银行业概况

（一）经济金融形势

1. 国际经济金融形势

2013年以来，全球经济延续缓慢复苏态势，全年世界经济增长3.0%，同比下降0.1个百分点，国际贸易增速与2012年基本持平，全年商品贸易增长2.7%。①主要发达经济体出现复苏迹象，但基础尚未稳固，新兴经济体的经济增长态势减弱，经济金融风险上升。总体而言，全球经济尚未摆脱2008年经济危机的影响，国际金融市场持续动荡，全球经济复苏形势依然复杂严峻，突出表现在以下3个方面：

（1）主要发达经济体内生增长动力不足，经济维持低速增长。2013年，发达经济体产出增长1.3%，比上年下降0.1个百分点，②显示主要发达经济体推动全球经济增长动力不足。美国方面：一是全年经济增长1.9%，比上年降低0.9个百分点。核心通胀率持续低位运行，失业率和劳动参与率双降，劳动力市场复苏基础仍不稳固。二是货币政策不确定性和财政政策僵持对经济社会正常运转造成冲击，10年期国债收益率由年初的1.86%上升至年底的3.04%。③欧洲方面：一是“高失业、低通胀”依然困扰欧洲，2013年失业率维持在12%—12.1%的高位，通胀率由2013年初的2.0%下行至年底的0.8%。④二是公共债务高企的压力依然存在，截至2013年第三季度，欧盟28国政府债务占国内生产总值（GDP）的比重上升至86.8%，同比上升1.9个百分点。⑤日本方面：一是安倍新政的边际效用递减，日本经济增长冲高回落，2013年经济增长1.5%，2013年第四季度仅环比增长0.3%。⑥二是日本维持长期收支平衡的压力加剧，政府债务规模持续增长，已超过国内生产总值的两倍，且尚未完全摆脱通缩，核心通胀率在2013年11月刚刚突破1%。

（2）新兴市场经济体经济增长动力减弱，金融体系脆弱性显现。2013年，新兴市场经济体产出增长4.7%，比上年下降0.2个百分点，⑦低于2007—2012年平均6.0%的增速。一方面，受产能过剩和前期信贷扩张过快的影响，部分新兴市场经济体的投资和信贷增速开始明显放缓，刺激性财政政策的持续扩张空间受限，处于去杠杆化过程的实体经济继续面临调整压力。另一方面，受美国退出量化宽松政策的影响，高债务和“双赤字”国家金融体系的脆弱性显现：一是资本外流压力加剧，2013年新兴市场股市资金流出量达152亿美元；⑧二是本币大幅贬值，印度卢比、巴西雷亚尔和南非兰特对美元年内贬值幅度分别达到13.7%、15.6%和23.3%，俄罗斯卢布贬值也超过9%；三是股市急剧下挫，经汇率调整后，2013年巴西股市下跌17.7%，俄罗斯股市下跌8.5%。

（3）主要经济体货币政策出现分化，国际金融市场持续动荡。2008年国际金融危机以来，多个经济体先后出台多轮宽松货币政策刺激经济。2013年各国经济复苏态势迥异，美国首先宣布逐步退出量化宽松政策，引发国际资本流动剧烈波动，资本从新兴经济体向发达经济体回流。在气候、地缘政治等外部因素的综合作用下，

① 国际货币基金组织，《世界经济展望》，2014年1月。
② 国际货币基金组织，《世界经济展望》，2014年1月。
③ 美联储。
④ 欧盟统计局。
⑤ 欧盟统计局。
⑥ 日本内阁府。
⑦ 国际货币基金组织，《世界经济展望》，2014年1月。
⑧ EPFR，新兴市场投资基金研究公司。

国际金融市场持续动荡，大宗商品市场表现分化。一是 2013 年全球股市呈现发达经济体总体上涨、新兴经济体震荡下调的态势。美国道琼斯工业平均指数全年上涨 23.6%；伦敦富时 100 指数、日经 225 指数全年分别上涨 14.4% 和 52.4%；而印尼雅加达综合指数则从上半年高点大幅下跌 26.9% 到年内低位。二是大宗商品"超级周期"进入尾声：芝加哥商品交易所玉米期货价格从一季度高点持续下跌 44.4% 至四季度低点；伦敦期铜、布伦特原油大幅震荡，分别从一季度的高点下跌 18.6%、25.8% 至二季度低点；纽约商品交易所黄金价格自一季度 1,690.8 美元 / 盎司的最高点下跌，年内最大跌幅达到 29.4%。

2. 国内经济金融形势

2013 年，中国经济呈现稳中有进、稳中向好的发展态势。经济结构调整和改革正在取得进展，宏观调控方式不断创新。全年经济处在合理增长区间，消费平稳增长，投资较快增长，进出口增长有所回升。农业生产再获丰收，工业生产增势平稳，价格涨幅和就业基本平稳，居民收入继续增加。

（1）国内经济总体稳中向好。2013 年，全年国内生产总值为 568,845 亿元，比上年增长 7.7%。物价涨幅保持稳定，全年居民消费价格比上年上涨 2.6%，涨幅与上年持平。粮食产量连续第十年实现增产。工业生产平稳增长，规模以上工业增加值同比增长 9.7%。城乡居民收入稳定增长，全年城镇居民人均可支配收入和农村居民人均纯收入同比分别增长 9.7% 和 12.4%，农村居民收入增速连续 16 个季度快于城镇居民收入。结构调整积极推进，内需发挥重要支撑作用，社会消费品零售总额比上年名义增长 13.1%（扣除价格因素，实际增长 11.5%）。固定资产投资较快增长，全年固定资产投资（不含农户）比上年名义增长 19.6%（扣除价格因素，实际增长 19.2%）。对外贸易平稳增长，全年进出口总值为 41,603 亿美元，比上年增长 7.6%，出口增长 7.9%，进口增长 7.3%，全年贸易顺差 2,597.5 亿美元。

（2）继续实施积极的财政政策和稳健的货币政策。2013 年，我国持续推进结构性减税政策，继续扩大营业税改征增值税试点，财政收支增速有所放缓，财政支出结构继续改善。全年全国公共财政收入为 12.91 万亿元，比上年增长 10.1%；全国公共财政支出为 13.97 万亿元，比上年增长 10.9%。货币信贷增长平稳。截至 2013 年底，广义货币供应量（M2）余额为 110.65 万亿元，同比增长 13.6%。

（3）金融市场总体保持稳健发展。2013 年，我国股票市场沪深综合指数涨跌互现，成交量显著增加，市场活跃度明显上升；债券发行规模小幅回落。截至 2013 年底，沪深两市上市公司为 2,489 家，总市值为 23.1 万亿元，债券市场发行总额为 7.48 万亿元。

专栏 1　国际金融监管改革进展

2013 年，巴塞尔银行监管委员会（Basel Committee on Banking Supervision，简称 BCBS）和金融稳定理事会（Financial Stability Board，简称 FSB）按照二十国集团领导人（G20）承诺和确定的议程继续推进国际金融监管改革工作，并取得积极进展。

（1）推动《第三版巴塞尔协议》的实施。2013 年，包括资本充足率、杠杆率和流动性在内的一揽子监管标准的制定和实施工作取得了积极进展。截至 2013 年底，巴塞尔银行监管委员会的 27 个成员经济体中已有 25 个成员印发了最终的资本监管规则，包括中国在内的 11 个经济体已按照巴塞尔银行监管委员会的既定时间表于 2013 年初开始实施。为确保《第三版巴塞尔协议》在全球得到一致和稳健的实施，巴塞尔银行监管委员会在 2013 年对新加坡、瑞士、中国和巴西实施《第三版巴塞尔协议》的情况开展了一致性评估，包括我国在内的 4 个国家均获得了"符合"（最高评级）的评估结论。2013 年初，巴塞尔银行监管委员会公布了《第三版巴塞尔协议》框架下的流动性覆盖率修订方案，杠杆率、净稳定资金比例等标准的制定工作也取得积极进展。

（2）继续研究应对"太大而不能倒"的问题。一是更新了全球系统重要性金融机构的认定方法和名单。截至 2013 年底，全球已有 29 家银行和 9 家保险公司分别被认定为全球系统重要性银行和全球系统重要性保险公司，其中包括我国的 2 家商业银行（中国银行和中国工商银行）和 1 家保险公司（平安集团）。二是继续提高监管强度和有效性。对全球大型商业银行的风险治理、数据汇总及报告能力进行专题评估，并提出了提高监管有效性和监管强度的一系列政策建议。三是推动各国进一步完善系统重要性金融机构的风险处置制度。要求制订有效的恢复和处置计划，以在危机情况下保证关键的金融和经济功能得以延续，并确保问题机构有序退出。四是加强核心金融基础设施建设。推动加强会计、审计、基准利率等金融市场基础设施建设，降低对外部评级依赖，确保在市场发生重大变化、交易成员出现重大风险时依然保持稳健运行的能力，防止风险蔓延。

（3）加强对影子银行体系的监管。2013 年，在二十国集团领导人的要求下，金融稳定理事会一方面强化了对影子银行体系的监测框架，提升监管当局跟踪演变、识别风险、早期介入的能力；另一方面提出了一系列监管政策建议，通过加强并表监管、大额风险敞口管理等措施降低系统性风险。

（4）推动场外衍生品市场改革。一是加强中央清算，要求所有标准化场外衍生品合约进入中央清算机构进行清算，对不通过中央交易对手的交易业务，大幅度提高资本要求。二是推动合约标准化，减少合约的复杂程度。三是建设统一法人识别编码系统，推动提高交易对手风险管理和抵押品管理的水平。

在国际金融监管形势日趋复杂的挑战下，未来一年的国际金融监管改革将继续围绕政策制定、标准实施、简化规则等方面展开，包括完善信用风险标准法、交易账户市场风险框架和操作风险计量方法，增强风险加权资产计量的一致性和可比性，针对系统重要性金融机构开展资本吸收损失能力研究和可处置性评估等方面工作，不断提高国际金融监管规则的有效性、行业竞争的公平性和各国监管的协调性。

（二）银行业概况

截至 2013 年底，我国银行业金融机构共有法人机构 3,949 家，从业人员 355 万人。包括 2 家政策性银行及国家开发银行、5 家大型商业银行、12 家股份制商业银行、145 家城市商业银行、468 家农村商业银行、122 家农村合作银行、1,803 家农村信用社、1 家邮政储蓄银行、4 家金融资产管理公司、42 家外资法人金融机构、1 家中德住房储蓄银行、68 家信托公司、176 家企业集团财务公司、23 家金融租赁公司、5 家货币经纪公司、17 家汽车金融公司、4 家消费金融公司、987 家村镇银行、14 家贷款公司以及 49 家农村资金互助社。

1. 资产增速稳中放缓

截至 2013 年底，银行业金融机构资产总额 151.4 万亿元，比年初增加 17.7 万亿元，增长 13.3%；负债总额 141.2 万亿元，比年初增加 16.2 万亿元，增长 13.0%（见图 1）。从机构类型看，资产规模较大的依次为：大型商业银行、股份制商业银行、农村中小金融机构和邮政储蓄银行，占银行业金融机构资产的份额分别为 43.3%、17.8% 和 16.2%（见图 2）。

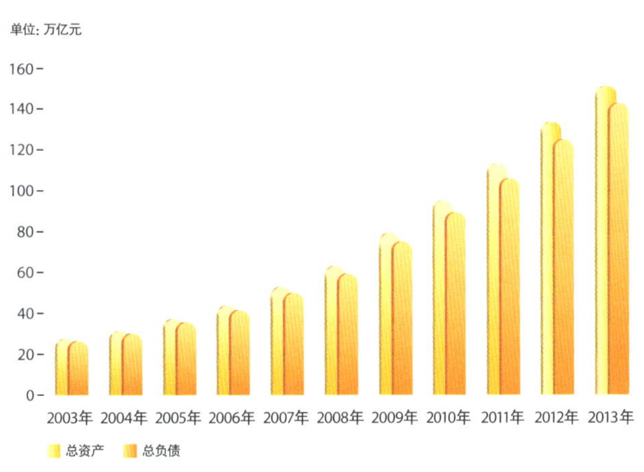

图 1 银行业金融机构资产负债总量（2003—2013 年）

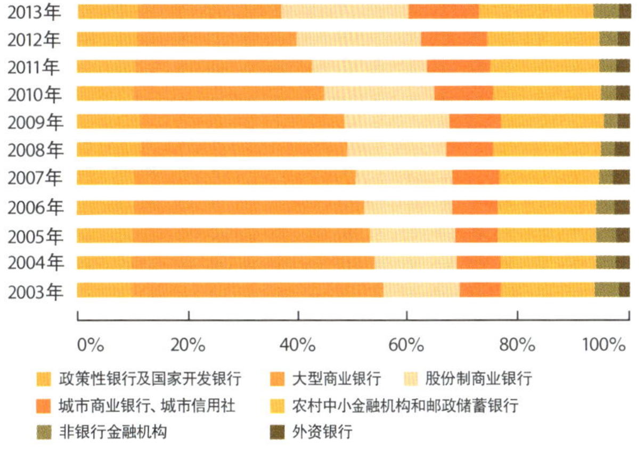

图 2 银行业金融机构市场份额（按资产，2003—2013 年）

2. 存贷款继续平稳增长

截至 2013 年底，银行业金融机构本外币各项存款余额 107.1 万亿元，比年初增加 12.7 万亿元，同比增长 13.5%。其中，居民储蓄存款余额 45.2 万亿元，比年初增加 4.9 万亿元，同比增长 11.9%；单位存款余额 54.2 万亿元，比年初增加 6.3 万亿元，同比增长 13.2%。本

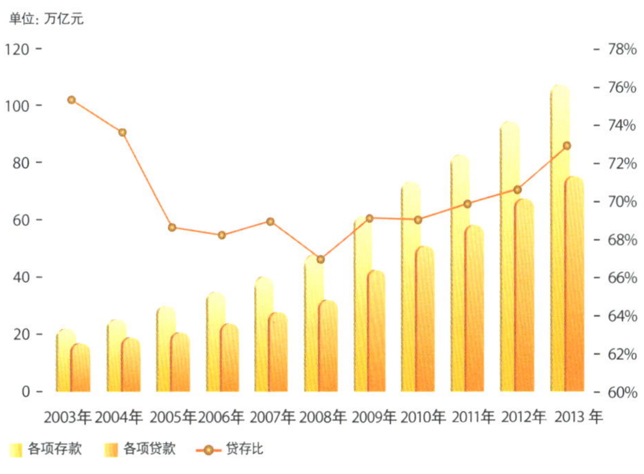

图 3 银行业金融机构存贷款余额及贷存比（2003—2013 年）

外币各项贷款余额 76.6 万亿元，比年初增加 9.3 万亿元，同比增长 13.9%。其中，短期贷款余额 31.2 万亿元，比年初增加 4.4 万亿元，同比增长 16.3%；中长期贷款余额 41.0 万亿元，比年初增加 4.6 万亿元，同比增长 12.8%；个人消费贷款余额 13.0 万亿元，比年初增加 2.5 万亿元，同比增长 24.3%；票据融资余额 2.0 万亿元，比年初减少 888 亿元，同比减少 4.1%（见图 3）。

3. 资本监管要求趋严，资本充足水平保持稳定

自 2013 年 1 月 1 日起，正式实施《商业银行资本管理办法（试行）》。截至 2013 年底，商业银行加权平均核心一级资本充足率和一级资本充足率均为 9.95%，较年初均上升 0.14 个百分点；加权平均资本充足率为 12.19%，较年初下降 0.29 个百分点。按照 2013 年底资本充足率过渡期最低要求（8.5%），全部商业银行中仅 1 家农村商业银行的资本充足率水平未达标。

4. 资产质量总体稳定

截至 2013 年底，银行业金融机构不良贷款余额 1.18 万亿元，比年初增加 1,016 亿元，不良贷款率 1.49%，同比下降 0.07 个百分点。其中，商业银行不良贷款余额 5,921 亿元，比年初增加 993 亿元，不良贷款率 1.00%，同比上升 0.05 个百分点（见图 4）。

5. 风险抵补能力充足

截至 2013 年底，商业银行贷款损失准备金余额 1.67 万亿元，比年初增加 2,175 亿元；拨备覆盖率 282.7%，同比下降 12.8 个百分点（见图 5）；贷款拨备率 2.83%，同比上升 0.01 个百分点。

图 4　商业银行不良贷款余额和比率（2007—2013 年）

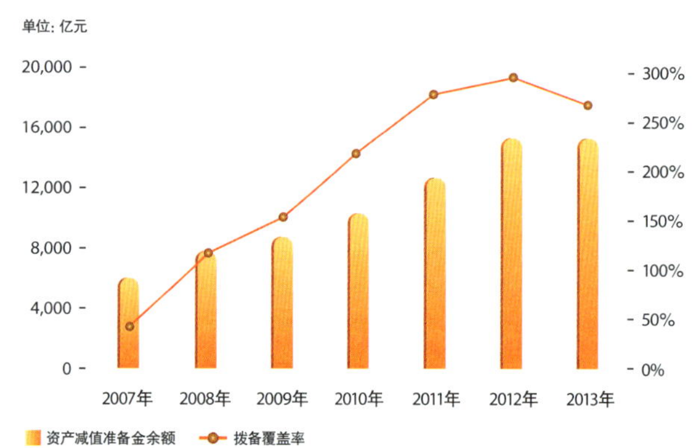

图 5　商业银行资产减值准备及拨备覆盖率（2007—2013 年）

6. 利润增速稳中趋缓

2013 年，银行业金融机构实现税后利润 1.74 万亿元，同比增长 15.4%；资本利润率 18.5%，同比下降 0.52 个百分点；资产利润率 1.2%，与 2012 年同期持平。其中，商业银行实现税后利润 1.42 万亿元，同比增长 14.5%；资本利润率 19.2%，同比下降 0.68 个百分点；资产利润率 1.3%，同比下降 0.01 个百分点。从利润来源看，63.6% 为利息净收入，其次为手续费及佣金净收入（见图 6）。

7. 流动性总体稳定

截至 2013 年底，银行业金融机构平均流动性比例为 46.0%，同比下降 1.76 个百分点（见图 7）；存贷款比例为 74.5%，同比上升 1.01 个百分点。商业银行人民币超额备付金率为 2.5%，同比下降 0.97 个百分点。

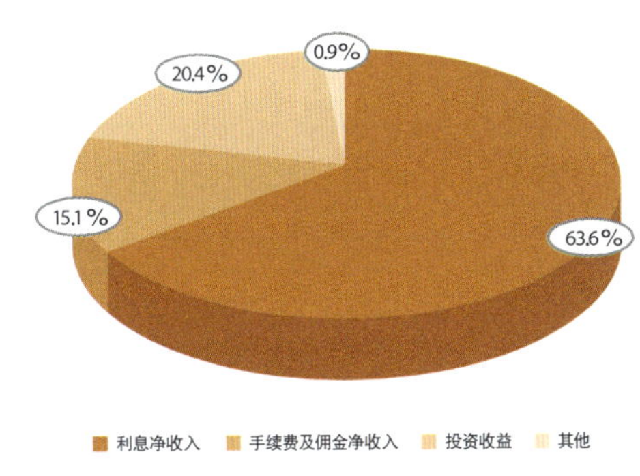

图 6　银行业金融机构收入结构图（2013 年）

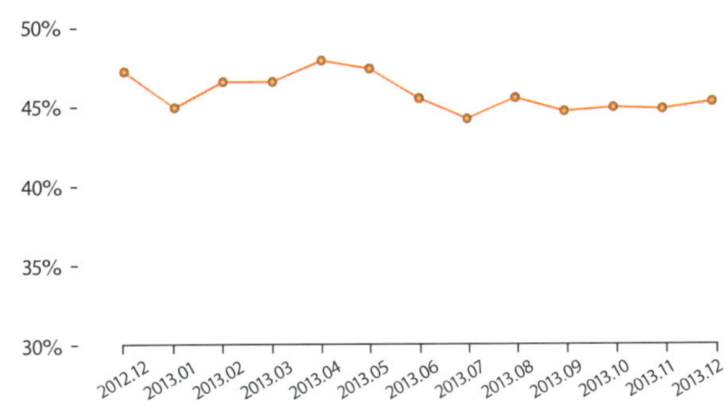

图 7　银行业金融机构流动性比例图（2012 年 12 月—2013 年 12 月）

银监会系统职工摄影作品

02

银行业改革发展

· 改革转型
· 对外开放
· 金融创新

（一）改革转型

2013 年，银监会深入推进各类银行业金融机构改革，持续完善公司治理体系，优化业务治理体系，提升全面风险管理能力，加快战略和发展模式转型，广覆盖、差异化、高效率的银行业机构体系逐步形成。

1. 政策性银行及国家开发银行

2013 年，国家开发银行改进公司治理机制，提升董事会战略决策能力，完善集团并表管理架构；资本补充和资金来源的连续性、稳定性进一步增强，有约束、可持续的业务发展模式逐步建立；积极开展资产证券化等创新业务，改善业务结构；发挥中长期投融资优势，服务国家战略。中国进出口银行加强海外业务发展规划，试点国别风险限额管理，完善国别风险管理体系，有序合规拓展海外市场，积极支持外贸稳定增长，业务发展态势良好。中国农业发展银行稳步推进解决业务范围、分类核算、公司治理、资本约束等问题；认真履行职能，做好粮食收购信贷业务，在风险可控的前提下，支持农田水利、农村基础设施和农业综合开发等领域，支农成效显著。

2. 大型商业银行

2013 年，大型商业银行不断完善公司治理，强化董事、监事履职能力建设，完善绩效考评机制，改进绩效考评办法。推进集团并表全面风险管理，逐步建立表内外、境内外、本外币、母子公司等多维度全覆盖的风险管控机制，强化跨境跨业风险传染管控和隔离机制。提高资本管理高级方法实施质量，完善资本规划，开展内部评估和资本工具创新。结合自身客户类型、产品类型等实际情况，动态评估战略选择和经验教训，积极稳妥推进综合经营和国际化战略。全球系统重要性银行危机管理机制的建设及恢复处置计划的制订工作持续推进。

3. 中小商业银行

2013 年，中小商业银行突出差异化、特色化发展战略，充分结合自身条件和优势，推进管理流程和产品服务创新，强化特色服务和品牌建设，整体保持稳健发展的良好态势。着力提升小微企业和城乡居民金融服务水平，不断下沉业务重心，深耕基层市场，规范发展社区支行、小微支行，完善专营机构管理体制。同时，持续优化公司治理和绩效考核，规范股东行为和履职评价，强化资本管理和重点领域风险防控，筑牢可持续发展基础。

媒体视角 我国城商行不良贷款率低于行业平均水平

截至 2013 年底，城商行总资产已达 15.18 万亿元，占银行业总资产 10.03%，不良贷款率为 0.88%，低于行业平均 0.12%。

城商行工作委员会第一届常委会主任、北京银行董事长闫冰竹回顾了委员会 2013 年的工作，并明确了 2014 年委员会工作的主要思路，并就中小银行当前面临的形势描绘了未来成长之路：加快战略转型升级、打造特色服务品牌、强化全面风险管理和夯实各项发展基础。

（节选自人民网　作者：贺霞　2014 年 4 月 25 日）

陕西银监局"一行一品"推动辖内城市商业银行差异化发展

陕西银监局通过调研摸底、差异推动、台账对接、挂钩激励等措施，以"一行一品"推动辖内城市商业银行产品和服务的差异化、特色化发展。截至 2013 年底，8 家城市商业银行"一行一品"涉及的贷款余额 223.03 亿元，有效支持了 9,046 户企业和商户的发展。如长安银行与陕西省科技厅合作创立全省第一家金融产品研发机构，成立西北地区第一家科技支行，以最高授信额度 3,000 万元的科技企业专项审批权为信贷授权创新，以"科技专家贷"、"投保贷联盟"和"成长周期贷"等模式为产品创新，以"银行＋政府（园区）＋担保＋保险＋创投＋信托"的联动模式为运营模式创新。

中国民生银行金融事业部改革

中国民生银行实施金融事业部改革，先后在地产、能源、交通、冶金、现代农业、文化、石材、医疗健康等领域的金融服务实现了专业化、垂直化经营管理。如文化产业金融事业部专项服务于文化产业细分行业，聚焦视觉艺术行业，立足于建立基础客户群，探索业务模式和提高文化行业金融服务专业能力，2013 年已为 30 余部影视剧提供了各种类型的融资支持。

专栏 2　设立自担风险的民营银行

2013 年，银监会积极落实党中央、国务院关于在加强监管的前提下，允许民间资本设立中小型银行等金融机构的政策，进一步加大对内对外开放力度，广泛听取社会各界的意见建议，根据银行业发展的实际情况和民间资本进入银行业的具体诉求，提出发起设立自担风险民营银行的框架性建议。下一步，银监会将根据党中央、国务院指示，将这一工作作为 2014 年银监会重点改革内容予以积极推进。自担风险的民营银行设立后，银监会将按照审慎标准对民营银行进行动态跟踪监管，全面落实自担风险的总体要求，建立风险监管长效机制，促进民营银行试点有序推进。

4. 农村合作金融机构

2013 年，农村合作金融机构坚持“成熟一家，组建一家”的原则，推进农村信用社改制组建农村商业银行，加快推进现代银行制度建设，建立标杆银行制度，扩大流程银行试点并将工作重心转向内部机制建设，审慎开展综合经营试点和金融创新，积极实施新资本管理办法。通过优化股权结构等机制建设，进一步固化“三农”市场定位和发展战略。农村信用社省级联社职能转变稳步推进，服务功能继续强化，法人治理和行业审计工作进一步规范，自营业务管控加强。

尚福林主席考察重庆北碚区静观镇素心村农村商业银行便民服务点

5. 新型农村金融机构

2013 年，新型农村金融机构优先布局中西部及老少边穷地区、农业主产区和小微企业聚集区，向乡镇以下延伸服务网络。坚持小额分散原则，持续提高农户、小微企业的贷款比重。加大民间资本引入力度，不断探索完善管理模式。截至 2013 年底，全国共组建 1,134 家新型农村金融机构（含筹建和开业），其中包括 1,071 家村镇银行、14 家贷款公司和 49 家农村资金互助社，地处中西部地区的占比达 62%，其中，直接和间接入股村镇银行的民间资本占比达 71%，各项贷款余额中农户贷款和小微企业贷款合计占比 90%。新型农村金融机构已成为服务“三农”和支持小微企业的生力军。

专栏3 村镇银行超过1,000家

2013年10月13日，马鞍山农村商业银行发起的甘肃永登新华村镇银行正式挂牌成立，成为第1,000家村镇银行。自2006年底调整放宽农村地区银行业准入政策以来，银监会鼓励和引导各类资本参与组建村镇银行等新型农村金融机构，积极引导其坚持服务“三农”导向，下沉服务重心，已初步探索出金融资源供给上“东补西”和金融服务改善上“城带乡”的发展模式。

村镇银行已发展成为服务“三农”和支持小微企业的金融生力军。一是机构覆盖面稳步提升。截至2013年底，全国31个省份设立村镇银行，覆盖57.6%的县（市）；覆盖国定贫困县182个，占国定贫困县总数的31%。二是服务能力显著增强。坚持“立足县域、支农支小”的服务理念，农户和小微企业贷款余额合计3,280亿元，占各项贷款余额的90%，累计向129万农户发放贷款3,808亿元，累计向35万户小微企业发放贷款6,427亿元。三是民间投资渠道畅通。坚持股权多元化和股东本土化原则，积极鼓励各类资本参与投资村镇银行，引导调整民间资本持股比例。已有4,000余家企业股东和8,000余名自然人股东投资村镇银行，村镇银行已成为民间资本投资银行业的重要渠道。四是监管有效性明显提升。初步建立村镇银行审慎监管框架，实施法人监管与并表监管并重的“双线监管”，监管指标整体良好，资本充足率23.3%，拨备覆盖率达到517%。

6. 中国邮政储蓄银行

2013年，中国邮政储蓄银行深化股份制改造，董事会、监事会和高级管理人员基本配备到位，“三会一层”组建完毕，公司治理结构初步完善，引进战略投资者工作加速推进。积极探索通过发行二级资本债券补充资本，夯实可持续发展基础。邮政企业和中国邮政储蓄银行交叉管理网点改革继续推进。在商业可持续前提下，发挥网络优势，拓展农村金融、社区金融、小微企业金融等普惠金融业务。

7. 金融资产管理公司

2013年，金融资产管理公司逐步转型为以不良资产处置为主业，提供多种金融服务的商业性金融企业。中国信达资产管理股份有限公司于2013年12月成功在香港联交所上市，完成商业化改革试点任务。中国华融资产管理股份有限公司在2013年9月顺利改制为股份有限公司后，积极在境内外选择战略投资者，进一步优化股权结构。中国长城资产管理公司、中国东方资产管理公司积极开展股份制改造准备工作。其中，中国东方资产管理公司2013年投资控股中华联合保险控股股份有限公司，并已持有证券、保险、信托、金融租赁等金融牌照。

中国信达资产管理股份有限公司在香港上市

8. 信托公司

蔡鄂生副主席出席第二届中国财务公司行业发展高峰论坛

2013年，信托公司深入推进自身治理体系的现代化建设，提升治理能力。公司治理方面，逐步形成职责明确、权责对等的治理结构；探索建立信托产品登记制度，加强信息披露，缓解信息不对称问题。业务治理方面，探索根据信托公司风险管理水平等实际情况，区别业务范围分类经营；探索开展土地流转、家族信托、公益信托、信托型产业投资基金等业务创新。风险治理方面，净资本管理制度继续完善；房地产、地方政府融资平台等重点领域风险可控；信托公司风险处置预案逐步建立完善。行业治理方面，建立从业人员诚信履职评价机制，探索建立信托行业稳定基金，为行业转型发展提供坚实基础。

截至2013年底，68家信托公司管理信托资产10.91万亿元，信托公司发挥"跨市场、跨行业、跨产品"的优势，引导绝大多数信托资金投入实体经济领域，行业总体风险可控，发展质量不断提升。2013年信托公司累计向受益人支付信托收益3,087亿元，综合平均回报率8.74%，专业能力和服务水平得到社会认可。

9. 企业集团财务公司

2013年，企业集团财务公司紧密围绕资金集中管理的核心功能及企业发展需求，提供金融服务，支持企业发展转型。加大资金归集力度，试点开展跨国公司总部外汇资金集中运营管理。拓展业务范围，开展外汇结售汇、金融衍生品投资等业务。发挥产业链信息流优势，严控资金流向，做细风险管理。截至2013年底，企业集团财务公司共176家，表内外资产总计4.45万亿元，服务企业集团成员单位超过3.5万家，遍布能源电力、航天航空、石油化工、钢铁冶金、机械制造、信息通信等关系国计民生、国家安全的重要领域。

媒体视角 银监会：适时启动财务公司金融债发行

银监会非银部主任李建华28日在全国企业集团财务公司2013年行业年会上透露，截至10月底，全国共有174家财务公司，表内外资产规模4.14万亿元。未来将允许符合监管要求的财务公司向集团业务产业链的上下游适当延伸金融服务，并大力支持财务公司业务创新，适时启动财务公司金融债发行工作。

不良资产率0.11%

李建华透露，截至10月底，全国财务公司所有者权益3,500亿元，资本实力是2003年的9倍多；平均资本充足率28%，不良资产率0.11%，141家财务公司无不良资产。截至去年底，财务公司服务的企业集团成员单位超过3.5万家，其中包括746家上市公司。

李建华表示，为做好财务公司改革发展工作，下一步将严守风险底线，优化监管方式，提升监管效能，促进财务公司稳健发展、合规发展、创新发展、自律发展。一是更加注重风险防控，确保不出系统性、区域性风险；二是更加注重合规管理，提高违规成本。

创新服务实体经济

目前财务公司的业务已由起初简单的“存贷结”发展为提供资金集中管理、投资理财、财务顾问等全方位金融服务。去年财务公司为成员单位办理结算业务1,996亿笔，结算金额280万亿元，办理结售汇及外汇买卖业务2,200亿美元。

李建华表示，财务公司也面临一些问题：行业整体资金集中度有所下降，部分新设公司资金集中度提升缓慢；业务表外化趋势持续，委托业务合规性有待加强；部分公司过分强化投融资功能，偏离自身功能定位；部分公司管理水平、技术力量不足，从业人员素质有待提升。

监管层要求财务公司根植于实体经济，结合企业集团战略布局，为集团主业和重点产业发展优化配置金融资源，与企业集团共同成长。支持财务公司业务创新，进一步优化分类监管评价体系，根据财务公司资金集中度的高低、归集资金量的多少、风险管控能力的强弱，进行“区别分类，精细监管”。

一些财务公司正在进行创新尝试。海尔集团财务有限责任公司总经理李占国介绍，在总结“基于海尔ERP营销信息并捆绑店主信用和家庭财产的专卖店融资产品”经验的基础上，公司设计了以个人信用和家庭财产为依托、资深专卖店为担保的超小微企业融资产品，针对海尔专卖店的伞下店即乡镇店的需求，将融资额控制在10—30万元之间，专款专用，可同海尔的季节性产品销售相匹配，解决小规模高成长性客户融资难困境，形成海尔集团的综合差异化竞争优势。同时，海尔财务公司利用已有的专卖店客户资源，开展终端用户的消费金融业务。

（《中国证券报》 作者：陈莹莹 2013年11月29日）

专栏4 引导银行业金融机构应对利率市场化改革

自2012年以来，我国加快推进利率市场化改革。2012年6月和7月，金融机构存款利率浮动区间上限调整为基准利率的1.1倍，贷款利率下限从基准利率的0.9倍调整至0.7倍。2013年7月20日，金融机构贷款利率0.7倍的下限取消。10月，贷款基础利率集中报价和发布机制开始运行。12月，中国工商银行等10家银行在银行间市场发行了额度为340亿元人民币的同业存单。

2013年，银监会引导各类银行业金融机构加快发展转型，积极应对利率市场化挑战。一是根据自身资源禀赋、市场环境和风险管控能力等，确定差异化转型战略。二是坚持服务实体经济导向，通过金融创新推动业务发展转型。三是通过管理精细化夯实发展转型基石。持续完善银行公司治理机制，推进业务流程变革和信息化建设，完善内外部定价机制，有效增强新业务创新与风险管理能力。

10. 金融租赁公司

2013年，银监会修订《金融租赁公司管理办法》[1]并向社会公开征求意见，引导各类社会资本（包括民营资本）进入金融租赁业，金融租赁行业开放程度进一步提高。同时，优化金融租赁公司风险治理体系，强化股东风险和责任意识；加强分类管理，允许部分经营状况较好、风险管控能力较强的金融租赁公司适当扩大业务范围；完善公司治理组织形式，研究起草专业子公司管理办法，强化专业化发展的制度保障；引导金融租赁公司紧密贴合实体经济需求，创新业务模式。截至2013年底，金融租赁公司共23家，资产总计1.01万亿元，专业能力和服务实体经济水平不断提升。

11. 汽车金融公司

2013年，汽车金融公司在促进汽车生产和销售，更好地满足居民购车和升级换代需求等方面的功能作用进一步发挥，金融服务水平和能力得到提升；积极探索扩大中长期直接融资来源，启动信贷资产证券化扩大试点工作，促进可持续发展。截至2013年底，汽车金融公司共17家，资产总计2,600亿元。

12. 消费金融公司

2013年，消费金融行业对内开放程度进一步提高，银监会印发修订后的《消费金融公司试点管理办法》，增加主要出资人类型，允许非金融企业作为主要出资人发起设立消费金融公司；扩大消费金融公司试点，将新增12家试点机构；放开消费金融公司营业地域限制。同时，试点消费金融公司不断增强主要出资人的风险责任意识，强化内控管理；进一步明确功能定位，深入分析消费市场，创新业务产品，提供小额、分散、面向中低收入人群的消费金融服务。截至2013年底，消费金融公司共4家，资产总计110亿元。

13. 货币经纪公司

2013年，货币经纪公司业务量和佣金收入继续保持上升势头，盈利能力不断增强；系统和服务持续改进，"金融市场润滑剂"作用更好发挥，促进提高交易效率和透明度。截至2013年底，货币经纪公司共5家，资产总计5亿元。

（二）对外开放

2013年，银监会推动中资银行业金融机构继续紧密结合"走出去"企业金融需求及人民币国际化等宏观战略，稳妥进行海外布局。同时，探索逐步放宽外资银行进入门槛，提高外资银行展业的便利性，进一步促进外资银行参与我国市场的有效竞争。

---

① 2014年3月13日，银监会正式印发《金融租赁公司管理办法》。

1. 中资银行业金融机构海外发展情况

截至 2013 年底，18 家中资银行业金融机构共在海外 51 个国家和地区设立 1,127 家分支机构，总资产超过 1.2 万亿美元。2013 年，中国工商银行（秘鲁）有限公司[1]、科威特分行和利雅得分行已获境内外监管审批；中国银行新设乌兰巴托代表处及卢森堡有限公司里斯本分行；中国建设银行新设俄罗斯有限公司等 3 家海外分支机构及台北分行、卢森堡分行；招商银行新设新加坡分行；上海浦东发展银行新设伦敦代表处。

2013 年 6 月《海峡两岸服务贸易协议》成功签署后，两岸银行业交流合作进一步加强，截至 2013 年底，陆资银行已在台设立 3 家分行和 1 家代表处。2013 年 7 月，银监会批复同意东莞银行在中国香港设立代表处。部分中小商业银行通过 H 股上市，探索开辟资本市场融资新渠道。2013 年，重庆银行、徽商银行、中国光大银行先后在中国香港上市。

我国首家政策性银行海外分行成立

2013 年 10 月 29 日，中国进出口银行巴黎分行正式挂牌营业，这是我国首家政策性银行海外分行。新成立的巴黎分行的经营服务范围涵盖了欧洲和西北非国家，可为辖区内企业提供存贷款和贸易金融等全方位的金融服务。

云南银监局鼓励辖内商业银行“走出去”

云南银监局鼓励辖内商业银行利用区位优势，开拓南亚、东南亚业务。2013 年，富滇银行获准设立中老合资银行，成为全国首家获许设立海外营业性机构的城市商业银行，有效打通了我国与老挝两国间的金融服务通道，有利于推进国家沿边金融综合改革试验区的建设，推动我国与周边国家经济金融的互通交流。

2. 外资银行在华发展情况

截至 2013 年底，共有 51 个国家和地区的银行在华设立 42 家外资法人机构、92 家外国银行分行和 187 家代表处（见表 1）。36 家外资法人银行、57 家外国银行分行获准经营人民币业务，30 家外资法人银行、27 家外国银行分行获准从事金融衍生产品交易业务，6 家外资法人银行获准发行人民币金融债，3 家外资法人银行获准发行信用卡。

表 1 在华外资银行业金融机构情况（截至 2013 年底）

单位：家

机构 / 类型	外国银行	独资银行	合资银行	独资财务公司	合计
法人机构总行		39	2	1	42
法人机构分行		282	3		285
外国银行分行	92				92
支行	9	509	10		528
总计	101	830	15	1	947

① 以获得东道国监管当局批复开业为准，下同。

截至2013年底，外资银行在我国27个省（市、区）的69个城市设立了机构，初步形成具有一定覆盖面和市场深度的总行、分行、支行服务网络，营业网点达947家。在华外资银行营业机构的资产总额2.56万亿元，同比增长7.45%（见表2）；各项贷款1.11万亿元，同比增长6.47%，不良贷款率0.49%；各项存款1.49万亿元，同比增长4.72%；流动性比例72.42%；实现税后利润140.34亿元。

表2 在华外资银行营业机构资产情况（2007—2013年）

单位：亿元，百分比

项目/年份	2007年	2008年	2009年	2010年	2011年	2012年	2013年
资产	12,525	13,448	13,492	17,423	21,535	23,804	25,628
占银行业金融机构总资产比	2.38	2.16	1.71	1.85	1.93	1.82	1.73

专栏5 继续扩大对香港、澳门银行业开放

2013年8月，内地与香港、澳门分别签署《内地与香港关于建立更紧密经贸关系的安排》补充协议十和《内地与澳门关于建立更紧密经贸关系的安排》补充协议十。两份协议于2013年8月起正式实施，涉及银行业的内容包括：允许香港、澳门的银行在内地的营业性机构，经批准经营港资、澳资企业人民币业务，服务对象可包括依规定被认定为视同香港、澳门投资者的第三地投资者在内地设立的企业。

专栏6 两岸金融合作机制进一步完善

2013年6月，《海峡两岸服务贸易协议》在上海成功签署。大陆方面在协议中提出6项开放措施，为台资银行在大陆开展经营活动提供了更为优惠和便利的条件。《海峡两岸服务贸易协议》的签署与实施，将有利于两岸银行业进一步加强交流合作，服务两岸经济共同发展。

2013年，银监会首次批准台资银行在大陆设立独资银行，首次批准台资银行、台资金融控股公司收购大陆的合资银行。截至2013年底，共有14家台资银行在大陆设立1家独资银行、1家合资银行、11家母行直属分行和4家代表处，其中1家合资银行与7家母行直属分行已获准经营人民币业务。

厦门银监局推动辖内银行业金融机构对台业务发展

厦门银监局积极推动辖内银行业金融机构提升对台金融服务能力。2013年，厦门银行业对台人民币清算规模176亿元。已有26对厦门、台湾银行业金融机构签订跨境人民币代理清算协议，2家银行设立离岸银行分中心，3家银行设立两岸人民币清算中心。截至2013年底，厦门银行业台商贷款余额142亿元，表外授信余额180亿元。

（三）金融创新

2013 年，银监会要求银行业金融机构将金融创新作为深化改革的重要内容，纳入顶层设计和总体规划，坚持“栅栏”、“普惠”、“驱动”三项原则，以满足实体经济的真实需求为目的，推进业务产品、服务方式和管理制度的创新；同时，密切关注金融创新可能带来的风险，做好风险防范预案。

1. 坚持“栅栏”原则，分业推进创新

2013 年，银行业金融机构以满足客户需求为目标，以避险增利为动力，在信贷、理财、信托、代理、投资等各类业务范围内，积极推出新产品、新工具、新服务方式。同时，严防存贷款业务与表外创新业务过度交叉，避免风险的隐匿、转移和传染。

（1）信贷业务创新紧贴市场需求。2013 年，银行业金融机构在小微企业、“三农”、战略性新兴产业、个人消费、民生工程等信贷领域开展业务创新，降低实体经济融资的难度和成本。如：创新担保方式，拓宽抵质押物范围；创新还款方式，盘活企业存量资产，帮扶企业化解资金链难题；创新服务手段，结合互联网和大数据技术进行风险评估和信贷服务，简化环节，降低门槛；创新境内外合作方式，为境内企业“走出去”提供综合服务和避险工具等。

上海银监局加强商业银行理财知识宣传

中国工商银行运行理财产品信息披露系统

（2）理财业务规范化、规模化发展。2013 年，银监会从业务治理、资金投向、信息披露等多个维度加强对理财产品的监管，推动银行理财业务持续健康发展。截至 2013 年底，银行业金融机构共存续理财产品 43,867 款，理财资金余额 102,111 亿元。从理财资金投向来看，债券及货币市场工具类、信贷类和存款类资产占比分别为 38.51%、24.46％和 23.82％；从客户类型看，一般个人客户产品、机构客户专属产品和私人银行客户专属产品占比分别为 62.33％、31.14％和 6.53%；从收益类型看，非保本浮动收益类产品占整体余额的 64.81%，保证收益和保本浮动收益分别占 10.83％和 24.36％。

（3）信托行业创新发挥自身优势。2013 年，信托行业发挥在产权制度、交易结构、运作方式上的独特优势，探索土地信托、信托型产业投资基金等创新业务，服务社会财富的传承和增值，支持战略性新兴产业、重点项目建设、新型城镇化、国企改革等。

专栏7 加强理财业务监管

2013年，银监会适应金融市场新变化，继续完善银行理财业务监管框架，加强基础设施建设，促进银行理财业务合规稳健发展。

（1）规范业务治理。引导商业银行探索条线事业部制改革，由总行事业部统一设计产品、核算成本、控制风险，其他部门和分支机构进行产品销售，实现理财业务机构和运营的分离，以及存贷款业务机构和运营的分离。

（2）规范产品设计。针对部分银行理财业务中存在的规避贷款管理、未及时隔离投资风险等问题，2013年银监会要求每只理财产品单独管理、单独建账、单独核算，每只理财产品都有资产负债表、利润表、现金流量表等财务报表，确保理财产品的资金来源和运用、期限一一对应。严禁通过借新还旧、滚动发售维持运营的违规行为，严禁利润分成和风险兜底。加大现场检查力度，集中力量整治"资产池"等不规范操作。

（3）规范资金投向。针对部分银行理财产品直接或间接投资于本质上具有融资性质的非标准化债权类资产等问题，2013年银监会印发《关于进一步规范商业银行理财业务投资运作有关问题的通知》，明确理财资金投资非标准化债权资产的余额在任何时点均不得超过理财业务产品余额的35%与商业银行上一年度审计报告披露总资产的4%，以两者较低者为准；已投资且不能满足每个产品单独管理、单独建账和单独核算要求的非标准化债权资产要严格纳入信贷规模管理，比照自营贷款进行风险加权资产计量和资本计提。

（4）规范信息披露。要求商业银行强化合作机构名单制管理，向投资人充分披露投资非标准化债权资产情况，理财产品存续期内所投资的非标准化债权资产发生变更或风险状况发生实质性变化的，须在5日内向投资人披露。

（5）规范销售行为。加强对商业银行理财产品销售活动的行为监管，采取调查、暗访等监管手段查处部分银行在理财产品销售环节存在的违规问题，严格要求商业银行在理财产品销售中将风险提示放在首位，严禁未经授权销售产品和误导消费者购买。

（6）建立"全国银行业理财信息登记系统"。该系统于2013年6月正式上线运行，对银行理财产品实行电子化报告和信息登记。监管部门可动态、实时监测每只理财产品的持仓、交易明细、估值等信息，监管的及时性和有效性进一步提高。

（7）试点由银行创设"理财直接融资工具"和"银行理财管理计划"，探索理财业务直接有效服务实体经济的新模式。

（8）强化投资者教育。提升投资者的风险意识和金融素质，加强信息披露和业务宣传，培养"买者自负，卖者有责"的良好文化。

2. 坚持"驱动"原则，释放改革红利

2013年，银监会注重整体谋划和顶层设计，推动银行业金融机构在农村"三权"抵押贷款、信贷资产证券化、内部控制机制、资本补充工具等方面创新管理制度，破解商业银行转型发展中的难题，提高资金使用效率。

（1）"三权"抵押制度取得突破。与国家林业局联合印发《关于林权抵押贷款的实施意见》，明确提出林农和林业生产经营者可以用承包经营的商品林做抵押，实现林业资源变资本的历史性突破。农村土地承包经营权和宅基地使用权抵押融资同时在重庆、黑龙江、浙江、湖北、四川、安徽等地顺利试点。

（2）推动信贷资产证券化业务常态化。制定并落实信贷资产证券化扩大试点实施方案，批准多家银行业金

融机构开办信贷资产证券化项目；完善业务试点监管框架，调整业务风险留存规定，确保风险较大的基础资产不列入试点范围，不搞再证券化；根据市场状况统筹规模和发行节奏，有序推进项目发行上市。

（3）创新内部控制机制。要求银行业金融机构定期评价本行内控体系的建设、实施和运行结果，不断改进内控设计和运行。同时，从内外两方面加强对内控运行的监督，避免因有章不循引发的内控失灵。

（4）商业银行资本工具创新。在强化资本约束、合理配置资本、资本占补平衡的基础上，强调以内源性资本补充为主，支持商业银行开展资本工具创新，鼓励商业银行在境内外各类市场公开或定向发行多币种、多样化的资本工具，包括优先股、一级资本债券、二级资本债券等。

专栏8 推广“三权”抵押融资

近年来，银监会将研究推广林权、农村土地承包经营权和宅基地使用权“三权”抵押贷款方式列为年度重点工作任务，积极引导各地创新模式，破解农村融资难问题。与国家林业局联合印发的《关于林权抵押贷款的实施意见》明确提出，林农和林业生产经营者可以用承包经营的商品林做抵押。银行业金融机构要根据借款人的生产经营周期、信用状况和贷款用途等因素合理协商确定林权抵押贷款的期限，破解了各地普遍存在的抵押范围偏窄、贷款期限与林业生产周期不匹配的问题。

在农村土地承包经营权和宅基地使用权抵押融资方面，银监会按照“政府推动、监管引领、银行参与”的试点精神，指导银监会派出机构配合当地政府，紧紧围绕确权颁证、交易登记、价值评估、处置变现和财政支持等环节积极推动相关配套措施的建立和完善。目前，农村土地承包经营权和宅基地使用权抵押处于局部试点阶段。作为统筹城乡综合配套改革试验区，重庆市全面推进“三权”抵押贷款业务，黑龙江、浙江、湖北、四川和安徽等省份选择在部分地区开展试点，均取得明显成效。

媒体视角 小微金融产品创新：“大树抵押”也可银行贷款

走进江苏艺林园花木有限公司的种植地，占地120余亩的园区内，300多个品种，近万株以名、特、稀、奇、珍为主的花草大树，俨然是城市绿化中的一处风景。也正因为此，第八届中国花博会把艺林园指定为其中的一个分会场。可有着“大树王”美誉的艺林园负责人戴锁方却高兴不起来，他说：“在花博会上把艺林园建设成为分会场是企业发展的好机会，我们很想参加，可资金缺口很大啊！”

“我想利用自身资产，也就是我的这些名贵树木做抵押贷款！大树不会被搬走，我以为贷款是有希望的，可接洽了多家银行都没成功。”戴锁方苦恼极了。用大树做抵押贷款给涉农企业，在江苏省的确没有这样的先例。

但并不是所有银行都把戴锁方拒之门外。华夏银行在了解了艺林园面临的困难后，派人上门洽谈方案，根据大树抵押这一特殊情况，总分行联动为其量身制定金融服务方案，该方案得到了工商局的认可和支持，同时银行又为艺林园协调了物流公司的监管以及保险公司的财产保险，全力解决艺林园的资金困难。目前，该行已成功办理了56棵树木的抵押登记，为艺林园放款1,500万元。

此外，根据第八届花博会的特殊情况，华夏银行还推出了商圈贷、租金贷、连锁按揭贷、宽限期还本付息贷、知识产权质押、小额信用贷等30多个小微企业金融专项产品和服务方案，并为近十家花博会配套企业累计发放贷款2亿元。

（新华网 作者：任烽 陈婷 2013年08月12日）

湖南银监局推动农屋抵押贷款模式创新

针对农民由于抵押担保不足而存在的贷款难问题，湖南银监局通过出政策、搭平台，指导浏阳农商行立足于以“诚信抵押”、“人品抵押”为根基的产品创新，通过“政府主导、银行联动、村组推进、农民参与”四位一体的评级授信机制向符合条件的农户发放贷款证，开创了以集体土地上的房屋作为抵押的“农屋新政”，形成实质性的“信誉信贷”模式。截至2013年底，该行农屋抵押贷款余额51.15亿元，占全部贷款的44.55%，不良贷款余额2,634.65万元，不良贷款率仅为0.23%。

3. 坚持“普惠”原则，扩大金融服务覆盖面

2013年，银行业金融机构在商业可持续的前提下，借助新技术手段创新服务方式，扩大金融服务覆盖面和可获得性，提升金融消费者对基础金融服务的满意度。

（1）探索开展互联网金融业务。包括：设立电子商务平台，向商家和消费者提供电商服务和金融支持；为个体之间的直接借贷提供中介撮合服务和结算平台；设立金融产品网络销售平台等。部分商业银行还尝试运用大数据技术提升经营效率，强化风险管理。

中国光大银行推出“瑶瑶缴费”

（2）创新小微企业和社区金融服务。2013年，银监会明确社区支行和小微支行的牌照范围、业务模式、风险管理、退出机制等内容，规范社区支行、小微支行的运营，解决好社区基础金融服务“最后一公里”。在提供便捷金融服务的同时，严格按许可范围展业，有效防范风险；加强信息披露，保障消费者合法权益。

中国建设银行打造“善融商务”电子商务金融服务平台

中国建设银行建立“善融商务”电子商务金融服务平台，为从事电子商务的企业和个人客户提供信息发布、在线交易、支付结算、分期付款、融资贷款、资金托管、房屋交易等全方位专业服务。经过一年半时间的发展，“善融商务”注册会员数近300万，累计交易额数百亿元，累计融资规模近百亿元。

贵州银监局提高城乡金融服务便利性

贵州银监局以提高城乡金融服务便利性为目的，引导银行业金融机构优化网点布局。在城市，一是贴近社区，设立社区支行、金融服务中心和金融超市；二是贴近商区，到商圈及商贸集散地设立小微企业金融服务中心；三是贴近园区，到科技园区、工业园区、农业园区设立科技支行、园区支行、专营服务中心。在农村，一是在县城城关适度增加机构、整合现有网点并引入适度竞争；二是在乡镇增设网点，提升产品服务质量；三是在行政村寨着力填补金融服务空白，推动农村金融服务均等化。

银监会系统职工摄影作品

03

支持经济结构调整和转型升级

- “盘活存量，用好增量”
- 支持重点领域和行业
- 践行绿色信贷，推动化解过剩产能
- 小微企业金融服务
- 农村金融服务
- 发展消费金融
- 中国（上海）自由贸易试验区与银行业发展
- 支持企业“走出去”
- 区域协调发展

（一）“盘活存量，用好增量”

1. 加快信贷周转速度，提高资金使用效率

尚福林主席出席全国银行业化解产能过剩暨践行绿色信贷会议

2013年，银监会引导银行业从促进实体经济与虚拟经济协调发展和良性循环的要求出发，努力盘活信贷存量。一是加大行业整合重组支持力度，定向开展并购贷款，加速退出和回收过剩、落后产能行业信贷。二是加大不良资产处置力度，用好清收和核销政策，积极消化沉淀的不良贷款。三是探索信贷资产转让及流转业务，以“调结构、促转型”为目标，促进信贷资产流转阳光化，提高监管有效性。四是逐步推进信贷资产证券化常规化发展。截至2013年底，已批准包括政策性银行、大型商业银行、股份制商业银行在内的多家银行开展信贷资产证券化项目，另有多家城市商业银行及汽车金融公司的证券化项目也正在申请过程中，这些举措对缓解资本压力、提高资产流动性、拓宽融资渠道起到积极作用。

天津银监局指导企业应收账款债权流转业务

天津银监局将引领银行业推动企业应收账款债权流转创新作为“盘活存量”的重要举措。按照“先易后难、先滨海后全市、先法人后分支、先平台后中小、先试点后推广”的思路，注重发挥“政、学、研”合力，通过应收账款流转抵付等措施激活债务链，充分发挥产业链核心大企业的带动作用，有效促进小微企业融资易、融资快、融资廉。截至2013年底，183户企业申请应收账款债权流转共352笔，总金额206.4亿元，已开证流转35.1亿元，流转后质押贷款3.2亿元。

国家开发银行成功发行首期铁路专项信贷资产支持证券

2013年11月18日，国家开发银行成功发行首期铁路专项信贷资产支持证券，成为国务院决定进一步扩大信贷资产证券化试点后的第一单，也是国内首次发行单一行业、单一借款人的证券化产品，有助于盘活存量铁路信贷资产，拓宽铁路信贷资产的市场出口，为我国铁路投融资体制改革探索了一条新路径。

2. 优化信贷投向结构，落实差异化政策

贯彻落实国务院办公厅《关于金融支持经济结构调整和转型升级的指导意见》（国办发〔2013〕67 号），督促银行业按照“有扶有控、有保有压”的总要求，将盘活的存量贷款和新增贷款向实体经济关键领域和行业倾斜。印发《关于银行业服务实体经济的指导意见》，通过强化监测、严格考核、完善政策配套等措施，引导银行业支持扩大内需，促进产业结构调整，推进绿色信贷，推动城乡统筹发展，加强“三农”和小微企业金融服务。

专栏 9　印发《关于银行业服务实体经济的指导意见》

2013 年 4 月，银监会印发《关于银行业服务实体经济的指导意见》，要求银行业在信贷投放上支持扩大内需、节能环保、农业等领域，推进消费信贷业务发展，支持居民家庭首套自住购房、大宗耐用消费品、教育、文化、旅游等消费信贷需求；推进消费金融公司试点；支持中小套型普通商品住房建设，支持保障性安居工程建设，加大对民间投资的融资支持。在促进产业结构调整方面，提出加大对战略性新兴产业和先进制造业的信贷支持。在推进绿色信贷方面，要求支持绿色经济、循环经济和低碳经济发展，优先支持国家节能环保重点工程或重点项目。在支持城镇化建设方面，要求探索城镇交通、通信、能源、水务等基础设施建设商业化融资模式。在加强“三农”和小微企业金融服务方面，支持社会主义新农村建设，重点支持符合国家产业和环保政策、有市场、有需求、可持续发展的小微企业。

媒体视角　盘活存量资金力推十大举措

为落实近日发布的《国务院办公厅关于金融支持经济结构调整和转型升级的指导意见》，银监会主席助理、新闻发言人杨家才在日前召开的国新办新闻吹风会上表示，《意见》的核心是，在继续执行稳健货币政策的前提下，盘活存量、用好增量。目标是促进经济稳中求进、稳中有为、稳中提质，切实解决经济运行中的结构性矛盾和资金分布不合理的问题，同时要不发生区域性系统性金融风险。

杨家才介绍，在“盘活存量”方面，具体包括十大措施：一是充分发挥货币政策工具的引导作用，主要是要通过再贴现、再贷款和差额存款准备金率的动态调整机制进行引导；二是创新外汇储备的应用，主要是拓展外汇储备委托贷款和商业银行转贷款渠道；三是探索发行企业优先股；四是定向开展重组企业的并购贷款，并且适当延长并购贷款期限；五是探索发展并购投资基金；六是支持银行开展不良贷款转让，扩大银行不良贷款自主核销权，及时主动消化吸收风险；七是逐步推进信贷资产证券化常规化发展，特别是把一些收益率比较稳定、期限比较长的优质贷款证券化，把存量变成新的增量；八是拓宽保险资金的应用化；九是引导银行理财产品对接实体经济，让银行理财成为债权融资、直接融资的重要工具；十是扩大民间资本进入。

他同时指出，“用好增量”主要是强调增量的重点投向，“好钢要用在刀刃上”：一是用于支柱产业，制造业、战略性新兴产业、信息技术，传统产业的升级改造、绿色生态等；二是用于过剩行业中有竞争力、有市场、有效益的企业和产品；三是用于小微企业，特别是科技性、创新性或者创业性的小微企业；四是用于现代化产业和农村新型金融主体；五是居民消费；六是国际化发展的优势企业；七是重点在建、续建工程和项目；八是重大基础设施改造、保障性安居工程。

（《光明日报》 作者：温源　2013 年 07 月 07 日）

（二）支持重点领域和行业

1. 支持战略性新兴产业

督促银行业在授信额度、抵押担保方式、利率定价等方面向战略性新兴产业倾斜，加大对高端新型电子信息、新能源汽车、生物、高端装备制造、节能环保、新能源等重点发展领域的信贷支持力度。探索建立信贷政策与支持战略性新兴产业发展相关政策的协调机制。截至 2013 年底，21 家主要银行业金融机构[1]战略性新兴产业贷款余额 2.1 万亿元，较年初增加 2,856 亿元，增速为 15.3%，较同期各项贷款平均增速高 2.4 个百分点。

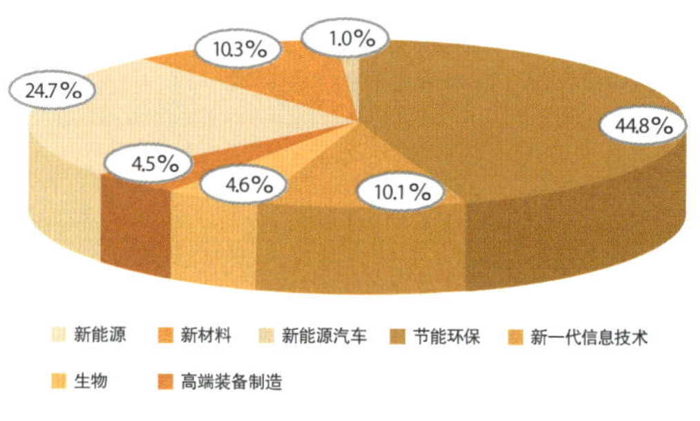

图 8　2013 年底 21 家主要银行业金融机构战略性新兴产业各项目贷款占比

节能环保、新能源、新材料和新一代信息技术领域的贷款较为集中，余额分别为 9,613.1 亿元、5,294.5 亿元、2,202.5 亿元和 2,168.7 亿元，占全部战略性新兴产业贷款的比重分别为 44.8%、24.7%、10.3%和 10.1%（见图 8）。

2. 支持文化产业发展

联合国家知识产权局等部门印发《关于商业银行知识产权质押贷款业务的指导意见》，指导商业银行充分利用知识产权融资担保价值支持文化产业创新。截至 2013 年底，21 家主要银行业金融机构的文化产业贷款共计 5,067.7 亿元，较年初增加 18.5%。

游览景区管理、工艺美术品制造、其他文化艺术业及有线广播电视传输服务的贷款相对集中，余额分别为 975.5 亿元、598.0 亿元、523.1 亿元和 318.2 亿元，占文化产业贷款的比重分别为 19.2%、11.8%、10.3%和 6.3%（见图 9）。

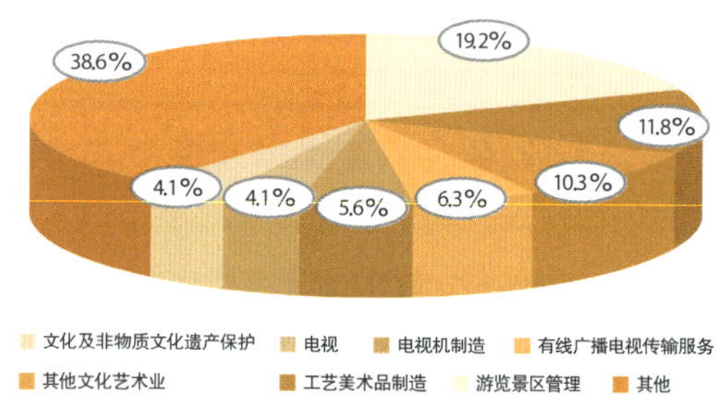

图 9　2013 年底 21 家主要银行业金融机构文化产业主要项目贷款占比

北京银行搭建文化金融服务平台

北京银行搭建政银企合作平台，携手文化部推进投融资服务平台建设，与北京市文资办、市广电局、市文化局建立全面战略合作关系，积极推动贴息、贴保、奖励政策落地，确保文化企业享受国家优惠政策。该行探索解决文化企业“轻资产、估值难、融资渠道单一”等问题，推出版权、知识产权、软件著作权等新型质押贷款品种，并针对初创期、成长期、成熟期的各类文化企业开发出“创业卡”、“智权贷”、“集团授信”等创新业务。

① 含政策性银行和国家开发银行、大型商业银行、股份制商业银行和中国邮政储蓄银行。

3. 支持保障性安居工程

周慕冰副主席在山西督察棚户区改造情况

2013 年，银监会按照《关于加快棚户区改造工作的意见》（国发〔2013〕25 号）和《关于保障性安居工程建设和管理的指导意见》（国办发〔2011〕45 号）的要求，引导银行业金融机构按照风险可控、商业可持续的原则，出台相应信贷政策，创新金融支持模式，持续加大对保障性安居工程的信贷支持力度。截至 2013 年底，银行业金融机构保障性安居工程贷款余额 8,134 亿元，比年初增加 1,479 亿元，同比增长 22.2%。

黑龙江银监局引导辖内银行业积极支持保障性安居工程建设

黑龙江银监局引导辖内银行业金融机构实施差别化房贷政策，针对列入政府规划的保障性安居工程建设项目开辟“绿色通道”，实行专项审批。截至 2013 年底，黑龙江省保障性安居工程贷款余额 301.43 亿元，同比增长 23.77%，占房地产开发贷款余额的 48.9%；房地产开发贷款新增余额中保障性安居工程开发贷款占 61.82%。

（三）践行绿色信贷，推动化解过剩产能

1. 明确监管要求

2013 年，银监会将推动化解过剩产能作为银行业转型发展和推进产业结构调整的工作重点，督促银行业围绕“消化一批、转移一批、整合一批、淘汰一批”的总要求，按照“尊重规律、分业施策、多管齐下、标本兼治”的原则，加快信贷结构优化。建立健全绿色信贷监管政策体系，对贷款支持项目的节能减排量开展测算，构建绿色信

贷考核评价体系，对10家不同类型银行业金融机构开展试评价；召开银行业化解产能过剩暨践行绿色信贷会议，29家具有代表性的银行业金融机构代表签署《中国银行业绿色信贷共同承诺》；要求对存量产能过剩行业项目贷款开展全面清理审查，对新开工产能过剩行业项目统一上收总行授信审批，从严控制产能过剩行业的授信规模。

2. 强化风险监测

及时监测掌握银行业金融机构“两高一剩”行业的贷款情况；建立信托项目全要素制度，加强行业投向统计监测；督促金融租赁公司加强产能过剩行业风险变化趋势分析，做好相关业务风险监测和控制。要求农村信用社省级联社和村镇银行主发起行发挥服务功能，严格监测产能过剩行业风险。

截至2013年底，21家主要银行业金融机构绿色信贷余额5.2万亿元，占其各项贷款余额的8.7%，项目预计年节约标准煤18,671万吨，年减排二氧化碳47,902万吨，年节水量43,807万吨；钢铁、水泥、平板玻璃、常用有色金属冶炼、船舶五大产能严重过剩行业的贷款余额1.65万亿元，较年初减少555.43亿元，降幅为3.26%。

专栏10 中国银行业绿色信贷共同承诺

十八大全面阐述了“五位一体”的总体布局，提出了生态文明建设的总体要求，勾画了建设美丽中国、实现中华民族永续发展的宏伟蓝图。“天下兴亡，匹夫有责”。银行业作为现代化建设的中坚力量，有责任、有义务在推进生态文明建设，助力经济转型升级，创建良好生产生活环境中发挥积极作用。银行业践行绿色信贷，既是落实科学发展观、主动履行社会责任的具体体现，也是防范信贷风险、加快转型发展的必由之路。在此，我们庄严承诺：

一、牢固树立绿色信贷理念，将其融入银行的“血脉”和文化，体现在银行经营的各方面和全过程。深化内部改革，切实加强绿色信贷组织管理和能力建设，积极配备资源，形成绿色信贷合力。

二、加快绿色信贷流程、产品和服务创新，按照风险可控、商业可持续的原则，积极推动绿色、循环和低碳发展，加大对战略性新兴产业、节能环保项目和服务等重点领域的支持力度。未雨绸缪，加强对产能严重过剩行业的授信管理，摸清风险底数，严把政策界限，有效化解产能过剩信贷风险。

三、不断完善环境与社会风险分类管理，高度关注授信客户及项目在节能环保和安全生产等方面的行为，以及给社会带来的影响，督促高风险客户制定并落实风险应对方案，积极回应受影响群众的诉求以及社会团体、媒体的关注；对出现重大违法违规行为的客户及项目，果断采取相应的风险处置措施，并在维护债权安全的前提下坚决退出。加强境外融资项目管理，确保项目遵守所在国家或地区的相关法律法规，符合相关国际准则或国际惯例。

四、加快建立绿色信贷考核评价体系和奖惩机制，定期开展绿色信贷自我评估，落实激励约束措施，确保绿色信贷持续有效开展。建立健全绿色信贷信息披露机制，公开绿色信贷战略和政策，如实披露绿色信贷发展情况，加强与相关社会团体、媒体的互动交流，自觉接受群众监督。

五、高度重视自身的环境和社会表现，广泛开展绿色信贷理念宣传教育和节能减排全员行动，节约每一滴水、每一度电、每一张纸，积极推行绿色采购和办公建筑节能，坚决反对公务浪费。

内蒙古银监局引导银行业支持草原生态建设

内蒙古银监局引导银行业全面推行生产设备和草牧场承包经营权抵质押贷款，加大草原生态建设和保护的信贷投入。截至2013年底，全区草原生态保护建设贷款余额215亿元，惠及21万户农牧户，一些地区蒙古冰草、羊草、紫花苜蓿等几乎绝迹的牧草开始大面积生长，草原生态得到明显改善。

新疆银监局加强绿色信贷监测管理

新疆银监局与新疆环保厅签订《信息交流与共享协议》，建立新疆银行业金融机构《绿色信贷统计制度》，及时跟踪绿色信贷进展情况；要求辖内银行业金融机构按照《绿色信贷指引》对属国家重点监测范围的266家废水、废气、污水处理、重金属排放企业按“名单制”监测管理。

河北银监局推动银行业支持节能减排

河北银监局印发《河北省银行业支持产业结构调整 防治大气污染 防控银行风险的指导意见》，建立绿色信贷和节能减排信息报送制度、多部门信息共享机制，并通过监管会谈、情况通报、调研分析、风险提示等多种方式加强工作督导。2013年，辖内银行业金融机构累计发放节能减排重点项目贷款182.61亿元，否决不符合环保政策的申贷项目1,831笔，共123.08亿元。

青海银监局引领辖内银行业支持绿色发展

青海银监局引导辖内银行业金融机构重点支持循环经济、节能减排、清洁能源和环保项目的融资需求，加大对柴达木循环经济试验区、西宁经济技术开发区等重点节能减排示范项目和三江源国家生态保护综合试验区等重大生态环保技术项目建设的信贷投入。2013年，青海银行业金融机构新增贷款的27.86%投入上述领域，贷款余额达776.24亿元，占各项贷款余额的21.98%。

（四）小微企业金融服务

1. 强化监管引领，完善政策支持

2013年，国务院办公厅印发《关于金融支持小微企业发展的实施意见》（国办发〔2013〕87号），明确了信息共享、增信服务、财税支持等金融支持小微企业配套政策措施。银监会印发《关于深化小微企业金融服务的意见》和《关于进一步做好小微企业金融服务工作的指导意见》等文件，建立对小微企业金融服务覆盖率等指标考核和通报机制，在不良贷款容忍度等指标方面落实差异化监管政策。要求各级派出机构在坚持差异化发展导向的前提下，督促辖内银行业金融机构单列小微企业信贷计划，继续努力实现“两个不低于”目标。新增小微企业贷款覆盖率、综合金融服务覆盖率和申贷获得率3项指标，并初步建立起定期监测通报的专项制度。有序开展小微企业专项金融债申报和信贷资产证券化试点等工作。根据国务院统一部署，银监会牵头会同12个部委分赴14个省（区、市），对各地小微企业金融服务工作进行督查，形成合力支持小微企业金融服务的工作新格局。

2. 完善机构体系，引导差异竞争

着力构建广覆盖、差异化、高效率的小微企业金融服务机构体系。鼓励大型商业银行、股份制商业银行加快小微企业专营机构建设，向下延伸网点；引导中小商业银行增设扎根基层、服务小微的特色支行、专业支行，提高机构覆盖面；逐步探索由民间资本发起设立自担风险的民营银行、金融租赁公司和消费金融公司等，进一步丰富小微企业金融服务主体。

3. 引领服务创新，提升服务质量

银监会引导银行业金融机构围绕服务小微企业的战略目标，建设专业人才队伍，打造小微企业金融服务团队，培育小微企业客户群体。鼓励银行业金融机构针对不同行业、不同类型和不同规模的小微企业的融资需求，细分市场，明确定位，研发创新小微企业金融服务产品。

专栏 11 全国小微企业金融服务经验交流会议召开

2013 年 7 月 15 日，国务院召开全国小微企业金融服务经验交流（电视电话）会议。尚福林主席在会上就“加强监管引领，服务小微企业”做专题发言，从四个方面介绍银行业服务小微企业的新进展：一是专业化组织体系日趋完善；二是信贷投放更趋合理；三是体制机制逐步优化；四是综合服务能力显著提升。尚福林主席表示，面对小微企业金融服务的新情况、新考验，银监会将认真落实党中央、国务院的要求，继续完善监管政策，引导银行业开展差异化、综合化小微企业金融服务，主动做好风险防范和化解，与有关方面共同努力，营造支持小微企业发展的良好环境。

广发银行推出“生意人卡”

广发银行推出面向小微企业客户的一揽子综合金融解决方案——“生意人卡”，不仅包括灵活多样的融资功能，还涵盖现金流管理、支付结算、个人综合财富管理等金融服务，具有多元化融资方案、循环授信和增值服务创新等亮点，一站式满足小微企业客户多元化、个性化的金融服务需求。

武汉农村商业银行小微金融“扫街式”服务

武汉农村商业银行打造专属小微客户的“微小富业贷”产品，无需抵押，3 天放款，额度为 5,000 元到 200 万元。独创“扫街式”小微金融服务，客户经理走街串巷、挨家挨户实行“扫街式”服务，把金融服务送到小微客户身边，连续两年支持小微企业贷款的余额、净增额在全市同业排名第一。

4. 争取多方支持，形成社会合力

推动银行业金融机构加强与地方相关部门的沟通协作，在财政补贴、税收优惠、建立风险分担和补偿机制、不良贷款核销等方面获得进一步支持；加大小微企业金融服务新政策、新措施的宣讲；组织银行业金融机构和专家学者，针对小微企业融资热点问题进行解读；组织开展小微企业金融服务宣传月，参与主办中国国际小微企业博览会等活动，普及金融知识和信息，提高小微企业和社会公众对金融服务的认知度。

截至 2013 年底，全国小微企业贷款户数 1,249.77 万户，比上年同期增加 29.74 万户；贷款余额达 17.76 万亿元，占各项贷款余额的 23.2%，较年初增加 2.87 万亿元，同比多增 4,337 亿元，同比增速 19.3%，比各项贷款增速高 5.38 个百分点，连续 5 年实现“两个不低于”目标。

尚福林主席到四川调研指导银行业金融机构支持新农村和新型城镇化建设

（五）农村金融服务

1. 强化涉农信贷投放要求

印发《关于做好 2013 年农村金融服务工作的通知》，要求银行业金融机构确保实现涉农贷款增量和增速的持续增长，注重金融政策和产业政策协调配合，支持现代农业发展，发挥信贷资金推动农业、农村经济发展的效能。探索建立资金回流农村新机制，制定实施“三农”专项金融债政策，增加“三农”信贷资金来源。要求农村中小金融机构突出农村金融服务针对性，加大抗旱救灾和春耕备耕资金投入，促进粮食生产。

江西银监局推动提升农村金融服务水平

2013 年，江西银监局先后出台《银行业金融机构进一步支持新型城镇化、工业化、农业现代化发展指导意见》和《银行业支持加快构建江西新型农业经营体系指导意见》，引领辖内银行业金融机构进一步加大涉农信贷投入，推进农村金融基础设施建设，全面提升支农服务水平。

截至 2013 年底，全国银行业金融机构涉农贷款余额 20.9 万亿元，比年初增加 3.4 万亿元，同比多增 3,895 亿元，同比增长 18.5%，高于各项贷款平均增速 4 个百分点，继续保持涉农信贷投入持续增长的良好态势。

2. 完善农村金融服务组织体系

深化农村信用社产权制度改革，坚持服务县域、服务小微、服务"三农"的市场定位，稳步推进改制组建农村商业银行；深化中国农业银行"三农"金融事业部改革；提升中国农业发展银行政策性金融功能；发挥邮政储蓄银行资金回流机制；稳步培育村镇银行等新型农村金融机构，坚持差异化和特色化服务，农村金融市场的活力和竞争充分性得到显著提升。

3. 全面推进农村金融产品和服务方式创新

加大对稳定发展农业生产、强化现代农业物质技术装备、提高农产品流通效率以及支持新型农业生产经营组织等方面的信贷支持力度，促进农业生产经营向集约化、规模化转变。推广信用贷款产品，利用信用共同体提升客户信用评级，探索扩大农户、农民专业合作社和龙头企业等借款人可用于担保的财产范围，创新各类符合法律规定和实际需要的农副产品订单、保单、仓单等权利以及农用生产设备、机械、林权、水域滩涂使用权等财产抵质押贷款品种。支持在法律关系明确的地区探索开展农村土地承包经营权、宅基地使用权、农民住房财产权等抵押贷款业务。推动金寨农村金融改革试点，支持福建沙县等6个农村金融改革实验区创新金融产品和服务。引导中小商业银行开展业务流程创新，适当扩大县域机构授信审批权限，提高授信审批效率。

专题1　持续深入推进支农服务"三大工程"

银监会持续引导农村中小金融机构顺应市场变化和"三农"需求，从战略、组织、机制、产品、服务和渠道等方面全面建立金融创新体系，积极开发符合农村经济组织特点和农户消费习惯的金融产品，深入开展"金融服务进村入社区工程"、"阳光信贷工程"和"惠民富农金融创新工程"。2013年3月，印发《关于持续深入推进支农服务"三大工程"的通知》，引导农村中小金融机构认真贯彻落实党的十八大"关于健全促进宏观经济稳定，支持实体经济发展的现代金融体系，推进金融创新"的任务要求，主动适应形势任务新变化、"三农"发展新期待和金融服务新需求，深入推进"三大工程"，更好地发挥农村金融服务主力军作用。10月29日，组织召开全国农村中小金融机构支农服务"三大工程"经验交流会，通报"三大工程"实施进展情况，交流支农服务先进经验。截至2013年底，农村中小金融机构拥有乡镇及以下标准化网点5.5万个，简易便民服务网点和流动服务网点12.7万个，布设各类电子机具128.0万台。

吉林银监局推动农村金融服务创新，支持粮食增产

吉林银监局引导辖内银行业金融机构扩大有效担保物范围，积极发放土地收益保证、林权、大型农机具、农村住房、农村土地承包经营权等抵押和直补资金担保贷款，满足农民种粮和现代农业发展的贷款需求。2013年，吉林省银行业新增贷款的50.0%投向了农业，该省粮食生产再创历史最好水平，总产量达710亿斤。

4. 扩大农村金融服务覆盖面

结合各地经济发展水平和金融资源状况，指导银行业金融机构下沉经营重心，继续开展偏远农村地区基础金融服务全覆盖工作。加大革命老区、民族地区、边疆地区、贫困地区网点建设力度。结合标准化网点、简易便民定时定点服务、自助服务终端等多种服务形式，逐步提高行政村金融服务覆盖面。自 2009 年启动全国偏远地区金融机构空白乡镇金融全覆盖工作以来，累计解决 1,249 个乡镇金融机构空白和 708 个乡镇金融服务空白的问题。

中国农业银行打造“金穗惠农通”工程

中国农业银行深入推进“金穗惠农通”工程，通过发放惠农卡和在农村超市、农资店布放转账电话等电子设备，为农民提供查询、转账、小额取现等基础金融服务。图为中国农业银行为青海游牧民族提供金融服务。

中国农业发展银行创新政策性金融支农模式

中国农业发展银行参与发起设立中国农业产业发展基金，重点支持农业产业化龙头企业，填补农业农村金融市场直接融资空白，引导社会资金投资“三农”重点领域。图为中国农业产业发展基金投资支持的某食品股份有限公司。

专栏 12　改进进城务工人员金融服务

2013 年 9 月，为落实国务院办公厅《关于金融支持经济结构调整和转型升级的指导意见》精神，持续改进城镇化过程中进城务工人员金融服务工作，提高农民工金融服务的匹配度和适应性，银监会印发《关于改进农民工金融服务工作的通知》。要求银行业金融机构完善农民工金融服务信用档案、创新符合农民工实际需求的服务产品、推广贴近农民工的金融服务方式、落实农民工信贷扶持的各项政策、支持农民工返乡就业创业、加强农村地区支付体系建设、加强针对农民工的金融知识宣传教育。

（六）发展消费金融

1. 扩大消费金融公司试点

2013 年 11 月，银监会印发《消费金融公司试点管理办法》，新增沈阳、合肥、泉州、重庆、西安等 10 个试点城市，允许合格的中国香港和澳门的金融机构在广东（含深圳）试点设立消费金融公司。同时，进一步完善消费金融公司制度办法，重点发展家电、教育、旅游等消费信贷。2013 年，消费金融公司累计发放贷款 102.55 亿元、37.5 万笔，同比增长 147.46%、130.21%。

2. 鼓励创新消费金融产品

鼓励大型商业银行重点针对具有稳定收入来源的客户群体，创新小额消费类贷款业务；鼓励中小商业银行围绕满足居民家庭消费需求开展消费金融创新；鼓励农村中小金融机构紧扣农村地区中低收入群体多样化金融服务需求，开办大宗耐用消费品、子女上学等小城镇消费贷款品种。

中信银行积极发展消费金融

2013 年，中信银行加大消费信贷投放，大力推广个人汽车消费贷款和综合消费贷款等业务；推出消费金融产品包“中信留学贷”，满足客户留学、旅游、培训等多方面消费需求；根据不同产品属性，采用差异化定价策略，提升信贷资源的使用效率，充分服务不同收入阶层的金融消费者。

3. 规范消费金融经营行为

提示个人消费贷款领域相关风险，督促银行业金融机构在发展消费金融的同时，加强对个人综合消费贷款的风险管理，按照“科学合理、公开透明”的原则合理定价、规范收费，维护消费者权益。

专栏 13　印发《消费金融公司试点管理办法》

2013 年 11 月，银监会在全面总结评估消费金融公司试点经验、广泛征求意见的基础上，修订印发《消费金融公司试点管理办法》，指导深化消费金融公司试点。一是增加主要出资人类型。充分利用民间资本和消费金融优势资源，促进股权多样化。二是放开营业地域限制。允许在风险可控的基础上逐步开展异地业务，实现规模效应。三是拓宽资金来源。增加吸收股东存款业务，更好地支持业务发展。四是修改消费贷款额度上限。将消费贷款额度的上限由“借款人月收入 5 倍”修改为“20 万元人民币”，增强功能定位和业务可操作性。五是增加风险管理自主权。删除“消费金融公司须向曾从本公司申请过耐用消费品贷款且还款记录良好的借款人发放一般用途个人消费贷款”等限制性要求。六是增加消费者保护条款。明确要求在业务办理中遵循公开透明原则，充分履行告知义务。

媒体
视角

“金十条”落地　消费金融公司先行

记者今天从银监会了解到，《消费金融公司试点管理办法》正式向社会公开征求意见。根据各界反馈意见，银监会将对《办法》进一步修改完善，并适时发布。这是国务院“金十条”发布后，首个落地的政策举措。

此外，人民网记者独家获悉，我国消费金融公司试点范围也将进一步扩大。

“金十条”是2013年7月5日国务院下发的《关于金融支持经济结构调整和转型升级的指导意见》的通俗提法，包含了进一步发展消费金融促进消费升级等十个方面的内容。其中提到尝试由民间资本发起设立自担风险的民营银行、金融租赁公司和消费金融公司等金融机构。

近日，银监会在全面总结消费金融公司试点运营经验并充分征求相关部门和机构意见的基础上，对《消费金融公司试点管理办法》（银监会令2009年第3号，以下简称《办法》）进行了修订。此次修订着重针对主要出资人条件、业务范围和经营规则等方面做出修改和调整，以体现和落实扩大试点的有关要求，同时解决目前试点公司业务发展和监管工作中反映出来的较为迫切的重点问题。

2009年7月，经国务院同意，银监会颁布《办法》，为试点消费金融公司的准入、监管和规范经营提供了重要法律保障。但随着消费金融公司试点实践发展，《办法》的部分条款已不能完全满足公司和市场深化发展的实际需要，同时，为贯彻落实《国务院办公厅关于金融支持经济结构调整和转型升级的指导意见》有关要求，银监会做出相应修改。

一是增加主要出资人类型。为鼓励更多具有消费金融优势资源的民间资本进入到消费金融领域，修改了主要出资人条款，允许具备一定实力（最近1年营业收入不低于300亿元人民币）、主营业务为提供适合消费贷款业务产品的境内各种所有制非金融企业作为主要出资人，发起设立消费金融公司。同时，为保证非金融企业作为主要出资人发起设立的消费金融公司在业务开展和风险控制方面符合审慎监管要求，要求消费金融公司引入具备一定消费金融业务管理和风险控制经验的战略投资者。

二是降低主要出资人持股比例要求。为进一步完善公司治理，鼓励更多具有消费金融优势资源和分销渠道的出资人参与试点，促进股权多元化，将主要出资人最低持股比例由50%降为30%。

三是强化风险责任意识。为进一步增强消费金融公司主要出资人的风险责任意识，促进消费金融公司持续稳健经营，更好保护利益相关方的合法权益，鼓励消费金融公司主要出资人出具书面承诺，在消费金融公司出现支付困难或剩余风险时，给予流动性支持并补足资本金，并在消费金融公司章程中载明。

四是取消营业地域限制。改变现行消费金融公司只能在注册地所在行政区域内开展业务的规定，允许其在风险可控的基础上，通过依托零售商网点（而非设立分支机构）的方式开展异地业务，有利于试点公司尽早实现规模效应，增强行业整体实力。

五是增加吸收股东存款业务。根据试点公司业务发展实际需要，在业务范围中增加消费金融公司“接受股东境内子公司及境内股东的存款”业务，有利于进一步拓宽消费金融公司资金来源，更好地支持其业务发展。

六是修改部分审慎监管要求。如考虑到消费金融公司在功能定位、业务模式和客户群体等方面的差异化特点，同时为增强业务可操作性，将其发放消费贷款的额度上限由“借款人月收入5倍”修改为“20万元人民币”；针对消费金融公司业务直接面向个人，且中低收入客户群体缺乏金融知识和自我保护意识等特点，增加消费者保护条款，要求消费金融公司在业务办理中应遵循公开透明原则，充分履行告知义务；删除“消费金融公司须向曾从本公司申请过耐用消费品贷款且还款记录良好的借款人发放一般用途个人消费贷款”等限制性要求，增加公司风险管理的自主权等。

（人民网　作者：贺霞　2013年09月26日）

（七）中国（上海）自由贸易试验区与银行业发展

2013年9月29日，银监会于中国（上海）自由贸易试验区（以下简称自贸试验区）成立的第一时间，印发《关于中国（上海）自由贸易试验区银行业监管有关问题的通知》，明确提出了支持中资银行入区发展、支持区内设立非银行金融公司、支持外资银行入区经营、支持民间资本进入区内银行业、鼓励开展跨境投融资服务、支持区内开展离岸业务、简化准入方式、完善监管服务体系"八项措施"。

1. 中外资银行业金融机构积极入区经营

从自贸试验区正式挂牌成立至2013年底，累计已有22家银行业金融机构[1]正式获批在自贸试验区设立25家营业性网点，包括9家中资银行分行、3家中资银行支行、12家外资银行支行、1家金融租赁子公司。区内外资银行支行数量约占上海地区外资银行支行数量的11%。

2. 银行业跨境投融资金融服务有新突破

2013年12月，银监会正式批准已获离岸业务资格的中资商业银行总行可授权其自贸试验区分行开办离岸业务。银行业跨境人民币业务取得较大发展，主要涉及人民币境外借款、双向资金池、经常项下集中收付和跨境支付等。

3. 自贸试验区银行业监管体系初探

银监会成立推动自贸试验区建设工作的专门领导小组，承担有关前瞻研究和协调推动工作。指导上海市同业公会成立"试验区银行同业联席会议"，协同推进自贸试验区银行业发展。目前，已初步形成自贸试验区银行业监管的总体

上海浦东发展银行探索自贸试验区金融服务创新

2013年9月，上海浦东发展银行上海自贸试验区分行作为总行直属的一级境内分行正式揭牌。该分行配备专属组织架构，除传统业务外，还为金融、航运、商贸和现代服务业客户以及有内外联动背景的海外客户群体提供特色金融服务，同时开展自贸试验区的创新型投资银行、离岸金融、金融市场、要素市场等业务。

交通银行在自贸试验区开展综合化经营

2013年，交通银行上海市分行与香港分行联动，为上海外高桥（集团）有限公司提供1亿元境外人民币借款服务；交银租赁公司为扬子江快运航空公司成功操作自贸区首单飞机融资租赁业务，并为全球第三大班轮公司法国达飞海运集团公司完成自贸试验区首单船舶融资租赁业务，实现了境内外客户和业务的全面突破。

① 中国工商银行、中国农业银行、中国银行、中国建设银行、交通银行、招商银行、上海浦东发展银行、上海银行、上海农村商业银行、花旗银行、星展银行、汇丰银行、东亚银行、三菱东京日联银行、三井银行、恒生银行、德意志银行、瑞穗实业银行、澳大利亚和新西兰银行、南洋商业银行、大华银行、交银金融租赁有限责任公司。

思路：以促进自贸试验区投资贸易便利化为导向，支持加快创新和防范重大风险并举，着力推动跨境金融服务和跨境风险管理创新，着力强化银行业金融机构自我风险管控意识和能力，前瞻性探索更加市场化、法治化、国际化的有效金融风险监管的经验和做法。此外，将择机出台针对自贸试验区业务的风险自评估指导意见和特色监测报表体系，以及简化自贸试验区内分行级以下（不含分行）的机构和高级管理人员准入的实施细则。

媒体视角

银监会八项措施支持上海自贸区银行业发展

中国银监会29日宣布，经国务院同意，银监会已就中国（上海）自由贸易试验区内银行业监管有关问题印发通知，支持中资银行入区发展、支持外资银行入区经营、支持民间资本进入区内银行业等八项监管措施，支持上海自贸区银行业发展。

银监会印发的这份名为《关于中国（上海）自由贸易试验区银行业监管有关问题的通知》明确：

——支持中资银行入区发展。允许全国性中资商业银行、政策性银行、上海本地银行在区内新设分行或专营机构；允许将区内现有银行网点升格为分行或支行；区内增设或升格分支机构不受年度新增网点计划限制。

——支持区内设立非银行金融公司。支持区内符合条件的大型企业集团设立企业集团财务公司；支持符合条件的发起人在区内申设汽车金融公司、消费金融公司；支持上海辖内信托公司迁址区内发展；支持全国性金融资产管理公司在区内设立分公司；支持金融租赁公司在区内设立专业子公司。

——支持外资银行入区经营。允许符合条件的外资银行在区内设立子行、分行、专营机构和中外合资银行；允许区内外资银行支行升格为分行；研究推进适当缩短区内外资银行代表处升格为分行以及外资银行分行从事人民币业务的年限要求。

——支持民间资本进入区内银行业。支持符合条件的民营资本在区内设立自担风险的民营银行、金融租赁公司和消费金融公司；支持符合条件的民营资本参股与中、外资金融机构在区内设立中外合资银行。

——鼓励开展跨境投融资服务。支持区内银行业金融机构发展跨境融资业务；支持区内银行业金融机构推进跨境投资金融服务。

——支持区内开展离岸业务。允许符合条件的中资银行在区内开展离岸银行业务。

——简化准入方式。区内银行分行以下（不含分行）的机构、高管和部分业务准入事项，由事前审批改为事后报告。

——完善监管服务体系。支持探索建立符合区内银行业实际的相对独立的银行业监管体制；建立健全区内银行业特色监测报表体系；优化调整存贷比、流动性等指标的计算口径和监管要求。

银监会相关负责人表示，未来将紧密关注自贸区内银行业风险，创新自贸区内银行业监管制度，建立起有针对性的监管制度安排。银监会要求区内银行机构有效防范流动性风险、国别风险、市场风险等重点风险领域，建立有效防范跨境的风险机制。

（新华网　作者：刘诗平、苏雪燕　2013年09月29日）

（八）支持企业“走出去”

2013 年，银监会支持银行业金融机构在风险可控、商业可持续的前提下，采取多种方式服务“走出去”企业。一是根据自身发展战略和特点，以国际结算、贸易融资等服务为重心，加强产品和业务创新，为“走出去”企业提供差异化、特色化服务。二是根据“走出去”企业的需求，进一步完善机构布局，加强境内外联动。三是加强银企沟通，利用熟悉境外市场操作规则和业务机会的优势，为企业“走出去”牵线搭桥。

中国银行支持中国企业完成在美国最大并购项目

2013 年 9 月，中国银行成功在亚太市场为双汇集团牵头筹组 40 亿美元银团贷款并按时交割，双汇国际并购史密斯菲尔德项目最重要的融资环节顺利完成。此次收购创下了中国民营企业在海外收购金额的最高纪录，是中国企业在美国的最大并购项目，也是全球畜牧业历史上最大的并购项目。

引导中国进出口银行发挥支持企业“走出去”的主力军作用。截至 2013 年底，该行“走出去”贷款余额 4,853.6 亿元，同比增长 14.9%；国家开发银行发挥金融服务国家战略职能，重点支持企业开展对外承包工程与境外投资合作；大型商业银行完善出口信贷政策，健全风险防控体系，加大对企业“走出去”的信贷支持力度；中小商业银行开发综合金融服务方案，为境外项目提供专业技术支持和资源整合；外资银行发挥在管理、产品和全球网络方面的优势，为企业“走出去”提供全方位、持续性的“桥梁金融服务”支持。

支持企业集团财务公司在政策允许范围内创新业务，配合集团“走出去”战略。先后批准中海油、海尔、东航和中广核 4 家企业集团财务公司开办衍生产品交易业务，有效管理企业集团“走出去”后的货币和汇率风险。积极支持有业务需求的企业集团财务公司开办相关外汇业务。截至 2013 年底，30 余家企业集团财务公司在获得银监会外汇经营许可后向国家外汇管理局申请获得结售汇业务资格。

（九）区域协调发展

1. 支持中西部地区发展

引导银行业贯彻国家区域发展政策，积极推动产业转移，实现中西部快速发展。在尊重商业意愿及可持续的前提下，引导中资银行业金融机构到西部边远落后地区设立分支机构；鼓励外资银行将金融资源适度向中西部地区倾斜。截至 2013 年底，中西部地区贷款余额的同比增速较东部地区高约 4.6 个百分点，贷款增速前 10 名的省（市、区）分别为西藏（62.2%）、新疆（23.7%）、甘肃（22.6%）、青海（22.5%）、贵州（21.6%）、海南（19.1%）、江西（18.3%）、安徽（17.2%）、宁夏（17.1%）、陕西（17.0%）。

2. 支持东北老工业基地建设

一是积极推动现代农业发展。支持国务院“两大平原”现代农业综合配套改革，初步构建多元化现代支农银行体系，支持农业集约化和机械化建设，以订单农业为依托，推出农业供应链信贷模式，试点“三权”抵押贷款业务，研究探索融资租赁等新型融资方式，缓解农业机械化、集约化发展过程中的资金需求压力。

二是助力高端装备制造业转型升级。比如，2013 年辽宁银行业为装备制造业综合授信近 2,431 亿元，其中，针对高端装备制造业及其中的轨道交通、海洋工程装备、智能制造装备、航空装备、卫星及应用五大重点产业的贷款余额分别为 871 亿和 259 亿元，比上年增长 17% 和 20%，高于辖内贷款平均增长率 3 个百分点和 6 个百分点。

甘肃银监局多措并举助推兰州新区发展

为大力支持我国第五个国家级新区——兰州新区的发展，甘肃银监局制定《甘肃银行业支持兰州新区建设的指导意见》，开通新区银行业金融机构准入"绿色通道"，支持新区网点建设。新区内已设立 10 家银行分支机构；倡导辖区银行业金融机构加强与政府部门的协作交流，及时了解和支持重点投资项目。

大连银监局积极引导辖内银行业金融机构立足东北老工业基地的产业特征，做好信贷"加法"，新增贷款重点投向重大基础设施项目、产业转型升级、旧城改造、保障性安居工程等重点领域；做好信贷"减法"，对高污染、高耗能以及落后、过剩产能实行"名单制"管理，积极进行信贷压缩、退出和资产保全；做好信贷"乘法"，实施信贷、银团、债券、票据、信托、理财等一揽子融资解决方案，发挥各类融资工具的协同效应。

3. 支持新疆地区发展

积极引导银行业加大信贷投放，创新金融服务，制定项目前期贷款、援建项目周转贷款和放宽项目资本金同比例到位"三个特别允许"政策，加大对新疆地区的资源倾斜和信贷投放。支持霍尔果斯边境合作中心建设，按照"先行先试"原则，为中国工商银行等 5 家大型商业银行进驻合作中心开辟绿色通道，并鼓励开展跨境人民币业务创新。截至 2013 年底，区内银行业金融机构对水、电、路、气等 17 个国家重点项目的贷款合同金额 405.75 亿元，累计发放贷款 245.51 亿元。

西藏银监局完善银行业体系建设

2013 年，西藏银监局继续按照"增多做强西藏金融主体"的工作思路，引进设立民生银行拉萨分行、林芝民生村镇银行等银行业金融机构，辖内大型商业银行增设 20 多个基层营业机构，中国农业银行在农牧区设立 1,000 多个助农金融服务点。西藏地区已形成包括政策性银行、大型商业银行、中小商业银行、新型农村金融机构、非银行金融机构在内的多元银行业金融机构体系。

4. 支持西藏地区发展

建立健全银行业支持西藏昌都地区跨越式发展的监管政策、配套措施，明确银行业支持西藏小微企业及非公有制经济跨越式发展的目标和路径。推动国家开发银行、中国工商银行、中国农业银行、中国银行、中国建设银行与西藏自治区政府签订战略合作协议，对自治区政府确定的重点项目、城镇化建设、特色优势产业、旅游业、民生工程提供 3,500 亿元意向性融资支持。推动信贷资金更多地投向农牧区基础设施、农牧区商品流通等领域。积极开展小微企业金融服务专营机构建设，批准成立 12 家小企业金融服务中心。截至 2013 年底，区内银行业金融机构各项贷款余额 1,076.58 亿元，比年初增加 412.27 亿元。

媒体视角

去年西藏贷款增幅超五成 多样化金融服务惠民生

银监会最新统计显示，2012年西藏新增贷款263.17亿元至728.95亿元，增长56.5%，增幅位列全国第一。记者近日在西藏一些县乡采访时看到，这里的银行业金融机构通过"汽车银行"、"马背银行"等金融服务方式，有效地促进了当地经济社会发展和农牧民生活的改善。

"流动银行"实现金融服务均等化

记者随农行西藏分行浪卡子县打隆营业所的金融流动服务车来到海拔5,373米的普玛江塘乡，这里是浪卡子县唯一的金融机构空白乡镇。随行的农行打隆营业所主任次仁占堆告诉记者，他们每月来这里提供1至2次金融服务，一次驻乡6到8天，帮助农牧民办理贷款证年审、申请贷款证及存款等业务。

"夏季公路状况好时，就开着自家的小越野车作为流动服务车来提供金融服务。9月以后大雪封山封路，就只能和同事们骑马进山服务了。"次仁占堆说。

西藏银监局相关负责人说，在墨脱县，除了县政府所在乡镇，其余7个乡镇都要采用"马背银行"提供金融服务。"西藏不少乡镇地处偏远、交通不便、人口稀少，银行网点无法覆盖，但通过流动服务，已实现乡镇金融服务全覆盖。"

家住林芝县更章门巴民族乡的村民嘎玛西绕过去到最近的营业所办理业务，来回要奔波80多公里，路上成本上百元。"去年，农行在我们乡设立了'银行卡助农取款点'，有银行卡转账电话、助农POS机，我步行十多分钟就可以办业务了。"

农行林芝分行副行长朗杰表示，目前，农行已在林芝地区设立了115个"银行卡助农取款点"，乡镇覆盖率78%，计划两年内实现林芝地区乡镇全覆盖。

特色贷款产品实现金融服务多样化

在平均海拔4,300米的日喀则地区康马县，安代山农民采石专业合作社理事长巴桑多吉告诉记者，2008年政府向他们发放了扶贫发展资金300万元，农行则发放了特色产业贷款250万元，现在两笔资金都已还清。根据贷款协议，合作社整体收入的90%须以工资形式发放给农牧户对象。石材合作社已连续带动400余人增收致富。

针对农牧民贷款担保抵押难问题，农行西藏分行推出了"金、银、铜"为信用级别的"农牧民贷款证"小额信贷产品，使用该产品的农牧民无需担保抵押，授信额度从2万元起，随用随贷，可周转使用，有效地解决了农牧民的担保抵押难题。

据西藏银监局统计，通过引导各银行创新产品、服务，围绕西藏青稞、藏药材、牦牛肉等发展特色产业贷款，银行业重点支持了西藏农牧业特色产业经济实体1,117户，累计发放农业产业化龙头企业贷款22.18亿元。同时，突出对"三农"的信贷支持，截至2012年末，西藏各银行累计发放涉农贷款余额90.65亿元，增长12.64%。

引进成立新机构实现金融机构多元化

在西藏银行位于拉萨的营业网点，记者看到柜面工作人员身着藏装，为客户提供服务。作为2012年5月开业的西藏第一家法人银行，西藏银行开业当年即实现了盈利，并且无不良贷款。至今年一季度末该行实现净利润2,195万元。

"在开业初期，我们努力在服务上体现特色化，如规定逢重大节日、每周五员工须着藏装提供服务。未来将更多地在服务功能、手段上实现差异化和特色化服务，三农、小微和个人业务都将是西藏银行业务发展的重要方向。"西藏银行行长孙健说。

据孙健介绍，西藏银行贡嘎支行即将挂牌营业，日喀则、林芝两地分行、墨竹工卡支行、拉萨城区支行布局设点前期准备工作也已启动。

据了解，中国农业发展银行西藏分行已于2012年8月成立，中行、建行、工行在西藏境内已设立多家分支机构，民生银行在林芝地区发起设立村镇银行和在西藏设立分行的工作也在推进中。

西藏银监局副局长赵霖表示，目前西藏已基本形成以国有商业银行为主体、政策性银行及其他银行业金融机构并存的多元化、多层次的银行业组织体系。

（新华网 作者：苏雪燕、刘诗平 2013年5月30日）

银监会系统职工摄影作品

银监会系统职工摄影作品

04

审慎监管

- 宏观审慎监管
- 公司治理与内部控制
- 资本监管
- 信用风险监管
- 流动性风险监管
- 操作风险监管
- 信息科技风险监管
- 市场风险监管
- 国别风险监管
- 声誉风险监管

（一）宏观审慎监管

2013年，银监会根据经济金融运行态势，从政策引导、防范风险、科学管理等角度督促银行业金融机构落实国家调控政策，通过实施宏观审慎监管，为经济社会发展提供有力的金融支持。

1. 加强政策引导，促进经济结构调整

面对经济下行压力，注重发挥政策引领作用，会同有关部门起草《国务院办公厅关于金融支持经济结构调整和转型升级的指导意见》，着力推进“盘活存量、用好增量”。面对小微企业金融服务难题，会同有关部门起草《国务院办公厅关于金融支持小微企业发展的实施意见》，形成各方合力支持小微企业发展的新格局。受国务院委托，银监会向全国人大常委会专题汇报农村金融改革发展情况，受到人大常委会高度重视。

2. 保持监管连续性，坚定不移地防控系统性、区域性风险

一是始终坚持“总量控制、分类管理、区别对待、逐步化解”的融资平台贷款监管政策，不断强化监管措施，实现支持发展和控制风险的有机统一。二是毫不动摇地坚持差异化房地产贷款监管政策，支持合理需求与遏制投机投资行为并重，定期开展压力测试，防止风险积聚。三是坚持加强钢铁、水泥、电解铝等过剩行业贷款的政策引导和统筹规划，有针对性地制定实施信贷风险应对措施。四是对担保圈、钢贸链和非法集资等地方性风险问题坚持“一事一策”，有效控制风险蔓延和传染。

3. 适应金融市场变化，引导新业态规范发展

近几年，银行理财业务在快速发展中聚集了一些风险。对此，银监会印发《关于进一步规范商业银行理财业务投资运作有关问题的通知》，坚持疏堵结合、标本兼治，遏制理财业务无序发展态势。针对影子银行问题，协助国务院研究其表现形式、风险情况和监管责任。同时，积极发挥部际联席会议牵头单位作用，协调处置非法集资活动，推动融资性担保公司规范运作，维护金融体系安全稳健运行。

4. 加强制度建设，稳步实施国际新监管标准

自2013年1月1日起，正式实施《商业银行资本管理办法（试行）》，制定达标过渡期安排、资本工具创新指导意见和上市融资预案。按照巴塞尔银行监管委员会的要求，结合中国银行业的实际情况，银监会起草《商业银行全球系统重要性评估指标披露指引》[1]，促进相关银行改进信息系统，提升管理水平，增加透明度，加强市场约束。加强制度研究，进一步完善国内系统重要性银行和逆周期资本的政策安排。

① 2014年1月3日，银监会正式印发《商业银行全球系统重要性评估指标披露指引》。

专栏 14　推动融资性担保行业规范发展

2013 年，由银监会牵头的融资性担保业务监管部际联席会议（以下简称联席会议）以促进规范发展、防范化解风险为主线，推动融资性担保行业健康发展。一是根据国务院办公厅《关于印发国务院 2013 年立法工作计划的通知》（国办发〔2013〕37 号），在征求联席会议成员单位、各省（区、市）监管部门、融资性担保机构、行业协会和银行业金融机构等意见的基础上，研究拟定融资担保公司管理条例。二是落实国务院关于清理规范非融资性担保机构的有关要求，组织开展集中清理。三是督促各省（区、市）监管部门加强对融资性担保机构的风险监管，印发《关于建议加强融资性担保机构风险处置和建立监管责任制的函》，明确监管职责，加强责任追究机制。四是加强舆情监测和指导力度，针对融资性担保公司消费贷款担保有关风险，印发《关于融资性担保公司消费贷款担保有关风险的提示函》。

专栏 15　加强影子银行监管

影子银行的监管工作涉及金融领域多个部门。银监会主要做好 4 种风险的盯防，即不规范的理财产品、非标准化理财资金池信托业务、融资性担保和小额贷款。对于理财业务，重点是建立单独的机构组织体系和业务管理体系，与银行资金严格分开，不购买本行贷款，不开展资金池业务，切实做好资金来源与运用一一对应。对于信托业务，重点是回归信托主业，运用净资本管理约束信托公司信贷类业务，不开展非标准化资金池业务，及时披露产品信息。对于小额贷款公司，重点是会同有关部门制定全国统一的监管制度和经营管理规则，由省级人民政府负责具体实施监督管理。对于融资性担保公司，重点是明确界定担保责任余额与净资产比例上限，防止违规放大杠杆倍数，建立风险“防火墙”。

专栏 16　防范民间借贷风险向银行业体系传导

2013 年，银监会明确要求银行业金融机构将外部风险防范纳入全面风险管理，加速构筑风险“防火墙”机制，阻断外部风险传染。一是督促银行业金融机构完善贷款全流程管理，加强信贷资金流向监测，严防信贷资金流入民间融资和非法集资活动；建立健全理财业务风险管理、信息披露等制度。二是引导银行业金融机构正确处理合作关系，明确风险边界，严控业务合作风险，严禁与偏离核心主业的融资性担保公司、小额贷款公司合作，严禁向典当行和非融资担保机构提供授信。三是督促银行业金融机构建立健全融资性担保贷款管理相关制度，加强对融资性担保机构的资质审核和动态监测。四是加强银行业金融机构从业人员管理，推动进行员工不当行为排查。组织银行业金融机构持续开展防范和打击非法集资宣传教育等活动，提高员工和社会公众的识别力。五是加大现场检查、窗口指导的力度，有序开展融资担保、小额贷款行业的风险监测与防范，要求银行业金融机构深入开展风险排查，加速风险暴露，及时化解风险隐患。六是针对部分地区民间金融风险事件多发情况，加强与地方政府沟通协作，建立应急预案和风险处置机制；积极调研分析网络融资、第三方支付等新型业态和风险，强化预警研判。

（二）公司治理与内部控制

1. 加强公司治理制度建设

2013年，银监会印发《商业银行公司治理指引》，进一步明确今后银行业金融机构公司治理的发展方向和路径。要求商业银行公司治理遵循各治理主体独立运作、有效制衡、相互合作、协调运转的原则，建立合理的激励、约束机制，科学、高效地决策、执行和监督。

2. 加强董、监事会建设

举办商业银行董、监事培训班及三方监管会谈等，有效提升董、监事履职能力；着力增强独立董、监事履职评价和薪酬考核的独立性，促使内部监督问责客观公正。鼓励农村金融机构董事会下设"三农"委员会，有效发挥其在涉农业务等方面的作用。

3. 加强现场检查力度

将公司治理状况作为全面检查及内控检查的重点内容，通过下发监管意见等方式，督促银行业金融机构强化制衡机制、理顺控股关系，逐步构建全面风险管理体系，加强对行业、市场、国别及内控合规风险的识别和控制。

专栏17 印发《商业银行公司治理指引》

近年来，在监管部门的推动下，我国银行业金融机构普遍建立了"三会一层"为主体的公司治理组织架构。我国商业银行公司治理逐步从前期探索建立具有中国特色的银行业现代企业制度、构建"三会一层"架构和推进股份制改革，转向优化公司治理运行机制，着重提升决策的科学性和制衡的有效性。

经过充分酝酿，针对我国银行业金融机构公司治理存在的问题，借鉴国际金融危机以来国际监管改革经验，银监会于2013年7月印发适用于各类银行业金融机构的《商业银行公司治理指引》。明确提出良好银行公司治理应包括的主要内容，即健全的组织架构、清晰的职责边界、科学的发展战略、良好的价值准则与社会责任、有效的风险管理与内部控制、合理的激励约束机制、完善的信息披露制度。这既是对近年来各类银行业金融机构监管实践的经验总结，也为今后我国银行业公司治理建设和进一步完善明确了方向。

（三）资本监管

2013年，银监会稳步完善资本监管制度，引导银行业金融机构提升风险管控和集约化经营水平。同时，支持银行业金融机构开展资本工具创新，完善多元化资本补充渠道。

1. 推动资本管理办法实施

《商业银行资本管理办法(试行)》于2013年1月1日起正式实施,银监会专门成立《商业银行资本管理办法(试行)》实施工作领导小组,对新资本监管标准实施过程中出现的重大政策问题进行研究部署,并建立跨部委协调机制和商业银行高层沟通机制。督促各类银行业金融机构健全资本管理体系,提高资本运营效率。要求信托公司严格落实净资本监管相关规定,引导企业集团财务公司、金融租赁公司、汽车金融公司和消费金融公司等稳步实施新资本管理办法,加强资本管理能力。

2. 推进资本管理高级方法核准工作

银监会立足我国银行业改革发展和监管工作实际,将资本管理高级方法实施作为加强银行内部控制、提高风险管理水平的重要举措。2013年,银监会对大型商业银行和部分股份制商业银行的资本计量审慎性进行评估,开展监管校准,并提出核准方案。

3. 推进资本工具创新

针对我国银行业资本构成主要是核心一级资本的现状,银监会鼓励商业银行进行资本工具创新,积极推进减记型或转股型资本工具的发行,提出优先股发行试点方案,完善以内源性资本积累为主、外部资本补充为辅的资本供给机制。

专栏18 推进资本工具创新

适度推进商业银行开展资本工具创新,有利于丰富银行资本结构,分散金融体系风险,降低融资成本,并进一步维护商业银行服务实体经济的能力。《商业银行资本管理办法(试行)》印发后,银监会印发《关于商业银行资本工具创新的指导意见》,与证监会联合印发《关于商业银行发行公司债券补充资本的指导意见》,构建创新资本工具的制度基础。

2013年以来,商业银行资本工具创新取得实质性进展。7月,天津滨海农村商业银行发行我国首笔含减记条款的二级资本债券。截至2013年底,银监会已先后批准16家银行发行1,411.5亿元减记型二级资本债券,二级资本债券发行步入正轨。银监会与相关部门共同研究推进商业银行发行优先股等其他一级资本工具,支持商业银行参与优先股发行试点。

银监会会同相关部委开拓资本工具发行渠道,拓宽投资群体。推动商业银行赴交易所市场发行资本债券、试点境外发行资本债券。同时,加强跨境监管协商,成功推动中国工商银行(亚洲)在香港发行亚太地区首笔附双重触发事件、经两地监管共同认可、可同时计入子行及中国工商银行资本的二级资本债券。

专题 2 中国版《第三版巴塞尔协议》通过国际评估

为确保《第三版巴塞尔协议》在全球得到一致和稳健的实施，巴塞尔银行监管委员会建立了国别评估机制，评估各国资本监管规则与《第三版巴塞尔协议》的一致性。《第三版巴塞尔协议》评估范围包括 14 个组成部分，涵盖资本定义、信用风险、市场风险、操作风险、监督检查、信息披露等资本监管政策的全部内容。整个评估工作经历了银监会自我评估、非现场评估、现场评估和后续审核 4 个阶段，历时 9 个月。2013 年 9 月，巴塞尔银行监管委员会发布了中国资本监管规则与国际资本监管规则一致性的评估报告，认为中国的资本监管制度具有中国银行业自身的特点，但在实际要求上与国际标准高度一致，因此对中国资本监管规则与国际标准一致性的总体评价为“符合”。

巴塞尔银行监管委员会的评估结论体现了我国银行业改革发展和审慎监管制度建设的成果，有助于增强国际市场对我国银行体系稳健性的信心，对国内大型商业银行实施国际化战略具有积极意义。

（四）信用风险监管

1. 推进信用风险防控机制建设

一是狠抓资产质量真实性。督促银行业金融机构提高贷款分类的准确性，确保资产质量得到真实反映。持续开展贷款五级分类准确性现场检查，对资产质量严重不实的部分银行业金融机构采取限制分红、调低监管评级等监管措施。二是规范贷款资金使用。督促银行业金融机构严格执行贷款用途管理规定，坚持按合同约定使用贷款，防止挪用、转借和改变用途，确保信贷资金投入实体经济。指导城市商业银行完善异地贷款管理制度，加强异地贷款资金监管。三是支持不良贷款核销。指导银行业金融机构用好、用足相关政策，在资产准确分类、提足拨备的前提下，加快呆账核销，在化解风险的同时，腾挪信贷资源。研究制定相关办法，全面规范商业银行不良资产管理行为。四是强化监测预警。优化信用风险监测指标和系统，完善信用风险前瞻性管理。探索建立对过度授信和多头授信企业的授信总额联合管理机制。落实银行机构风险防控责任，加大问责力度。

宁夏银监局实施票据风险敞口与资本金挂钩的约束政策

针对近年来现场检查中发现的农村合作金融机构票据业务快速增长及存在的违规问题，宁夏银监局研究制定银行承兑汇票风险敞口与资本金挂钩的约束政策，科学测算并审慎确定农村中小金融机构承兑汇票风险敞口规模与实收资本不超过 2.5:1 的挂钩比例，有效遏制了票据业务高增长势头，票据风险敞口占实收资本的比例持续回落。2013 年底，辖内农村合作金融机构银行承兑汇票余额比年初下降 30.24 亿元，银行承兑汇票敞口比实收资本的倍数由 2012 年底的 2.5 倍降至 2013 年底的 1.7 倍。

山东银监局全面布防大额授信风险

山东银监局把大额授信风险及关联担保风险的防控作为守牢区域性风险底线的关键。一是印发《关于进一步加强大额授信风险管理的通知》，逐笔排查大额授信客户，督促建立大客户专业管理团队，建立远期风险暴露责任追溯机制、员工责任承诺制、跨行流动及辞退人员责任追究机制，实施异地授信向上级机构、企业属地监管部门和省局“三位一体”报告的制度。二是指导山东省银行业协会建立山东省银行业大型客户债权人联席会制度，开展客户定期评价和报告，细化机制安排和硬性约束。三是自主研发大额授信分析系统和担保圈图谱绘制系统，集成行业、行际、跨期和迁徙等 8 项分析模块，自动绘制担保关系图谱，实现对传染链风险的提前预警。

专栏19 商业银行不良贷款情况

2013年，我国商业银行不良贷款余额持续增加。截至2013年底，商业银行不良贷款余额5,921亿元，较年初增加993亿元。从地区和行业集中度来看，新增不良贷款主要集中于长三角地区，批发零售业和制造业为不良贷款增加最多的行业。不良贷款风险总体可控。一是不良贷款率仍然保持在1%左右的低位，与全球主要经济体商业银行相比仍处在较低水平。二是银监会持续推动逆周期审慎监管，银行业资本和拨备充足。2013年底，商业银行贷款损失准备金余额1.67万亿元，同比增加2,175亿元，拨备覆盖率282.7%，贷款拨备率2.83%。三是商业银行保持较好的盈利状况，不断完善内控制度，对提高信贷质量、增强风险抵御能力起到重要作用。

2. 加强重点领域风险防范

（1）融资平台贷款。2013年，银监会按照“总量控制、分类管理、区别对待、逐步化解”的总体原则，以控制总量、优化结构、隔离风险、明晰职责为重点，稳步推进融资平台贷款风险监管，切实有效缓释平台贷款风险，初步实现了平台贷款风险的总体可控。

一是建立到期贷款统计台账，及时化解到期风险。要求银行业金融机构逐月统计本年到期的融资平台贷款金额、偿债资金来源和实际偿还等情况，密切监测到期贷款风险。二是严格控制总量风险。按照“保在建、压重建、控新建”的基本导向，要求银行业金融机构不得新增平台贷款规模；严把新增贷款准入标准，发放平台贷款时，必须满足借款人现金流全覆盖、抵押担保符合现行规定、资产负债率低于80%等约束条件。三是实施融资平台层级差异化管理，优化存量贷款结构。引导新增贷款主要支持符合条件的省级融资平台，以及保障性安居工程和国家重点在建续建项目的合理融资需求。四是加强全面风险管理，有效隔离风险。建立包括银行贷款、企业债券、中期票据、短期融资券、信托计划、理财产品等在内的全口径融资平台负债统计制度。要求银行业金融机构统筹考虑融资平台总负债规模与其偿债能力的匹配程度。

四川银监局建立政府举债动态监控机制

四川银监局建立包含地方政府委托代建等隐性债务在内的全口径监测体系，从地方经济发展趋势指标、财政状况指标、平台贷款规模和地区信用状况4个维度研究地方债务适度规模，设定区域风险限额和预警指标。推动辖内17个市（州）政府建立和完善偿债准备金制度，要求偿债准备金余额至少应覆盖当年到期的本息。

重庆银监局建立平台全口径负债监测机制

重庆银监局试点建立平台全口径负债监测机制，切实提升全口径数据的质量。出台相关管理办法，使监测制度化；采取融资平台全口径负债定期申报承诺制并实现监测动态化；集中会审融资平台全口径负债数据，并与人民银行、发改委及银行的数据进行核对，摸清底数；督导银行按月统计监测，将非贷款融资纳入统一授信管理。

（2）房地产行业贷款。2013年，银监会着力加强房地产信贷经常性监管和专项检查。

一是督促银行业金融机构认真贯彻国家房地产调控政策，坚持“有保有压”和差别化的信贷政策。支持首套和自住购房需求，支持扩大供应普通商品房，加强土地储备贷款、房地产开发贷款和经营性物业贷款风险管理，按照风险可控和商业可持续原则，加大对保障性安居工程建设的信贷支持力度。对于存在土地闲置和炒地、捂盘惜售、哄抬房价等违法违规行为的房地产企业，停止新发放贷款。二是严格控制房地产过热地区的开发贷款规模，继续抑制房地产投机投资需求。督促银行业金融机构高度重视房地产系统性风险，继续采取审慎的房地产信贷政策。适当控制土地储备贷款和房地产贷款的增长幅度，降低房地产贷款的集中度。严格准入要求，强化房地产开发企业名单动态管理。禁止介入不符合国家规定、开发运作不规范、土地储备规模不合理、综合经营实力较差的房地产开发企业。三是督促银行业金融机构实施房地产贷款全流程监控。严格做好贷款“三查”工作，全面落实“三个办法、一个指引”等贷款新规要求，加强资金用途监控。关注房地产企业的销售资金管理，严防假按揭、开发商资金链断裂及客户断供风险。认真开展贷后检查及风险排查，加强对抵押品价值和风险敞口的评估和监测，严控房地产贷款风险。

海南银监局持续动态监控房地产信贷风险

2013 年，海南银监局持续动态监测房地产信贷风险，实现辖内 389 个开发贷款项目的全面覆盖，及时督促银行采取有效措施防控风险。每季度发布房地产信贷风险监测报告，每半年定期组织开展房地产贷款压力测试，大力推动监测报告和测试结果的管理应用。督促辖内银行业金融机构落实差别化房贷政策防控房地产信贷风险，海南银行业纯住宅开发贷款比例显著下降，成功化解多个房地产贷款风险项目。截至 2013 年底，海南房地产贷款不良率 0.36%，同比下降 0.01 个百分点，低于各项贷款不良率 0.55 个百分点。

（3）产能过剩行业贷款。银监会根据“尊重规律、分业施策、多管齐下、标本兼治”的总体要求，将推动化解产能过剩作为银行业转型发展和推进产业结构调整的工作重点。

一是践行绿色信贷标准。通过合理配置信贷资源，支持企业节能减排，限制高污染、高能耗行业发展，对产能严重过剩行业的新增产能项目，严禁银行业金融机构提供任何形式的新增授信支持。二是支持扩大有效需求，助推“消化一批”过剩产能。指导银行业金融机构运用信贷杠杆助推挖掘市场潜力、改善需求结构、引导需求升级，运用金融租赁、消费金融等多种手段，促进相对过剩产能与潜在有效需求合理对接。三是支持企业“走出去”，助推“转移一批”过剩产能。鼓励银行业金融机构积极发展内保外贷、贸易融资、国际保理等综合金融服务，支持符合条件的企业对外承包工程，扩大对外投资合作，带动国内技术、装备、产品、标准和服务等出口。四是支持企业兼并重组，助推“整合一批”过剩产能。鼓励采取银团贷款方式，合理分散信贷风险，加大对企业兼并重组的支持力度。鼓励运用信托计划、委托贷款等方式扩大兼并重组资金来源。五是加大退出保全力度，助推“淘汰一批”过剩产能。要求银行业金融机构主动参与关停处置落后产能工作，坚决压缩退出存量贷款，科学制定债权保全措施，及时核销不良贷款，探索打包转让等市场化不良资产处置手段。六是实施好差别化监管政策。对违反规定向产能严重过剩行业提供授信的行为加大行政处罚力度，严厉问责。建立监管后评价体系，探索将绿色信贷评价结果合理运用到银行业金融机构高级管理人员履职评价、业务准入、监管评级等方面。

湖北银监局强化异地贷款管理

湖北银监局印发《关于加强辖内银行业法人机构异地授信和贷款管理的通知》，要求建立健全异地贷款管理制度，完善授权授信和贷后管理，建立异地贷款备案和监管协作机制，提高异地贷款信息的透明度，防范异地贷款信息不对称风险。2013 年对 392 笔、80.82 亿元法人机构异地贷款进行监测、排查，针对法人机构异地贷款不良率偏高的问题，进行专题风险提示，督促其将贷款审批权上收至总行，并向借款人所在地银监局报备贷款情况。

安徽银监局推进重点领域风险排查

安徽银监局按照"早排查、早发现、早处置"的原则，对外部风险、员工行为风险、信用风险、案件风险等 9 大领域按季进行全面风险排查，并按照风险程度进行排队，对重点风险隐患实行"建账、盯账、销账"制度，全程跟进风险处置化解。建立钢贸、光伏、船舶三大行业定期监测机制，协调省政府处理大额授信风险事件，保障银行债权安全。

3. 集中度风险

2013 年，银监会继续加强集中度风险监测和防控工作，督促银行业金融机构严格坚守单一客户授信不得突破资本净额 10%、单一集团客户授信不得突破资本净额 15%、全部关联方授信总额不得突破资本净额 50%的监管标准，积极防范集中度风险。

集中度风险监测和检查重点突出三个方向：一是重点化解中小商业银行集中度风险，利用降低监管评级、准入联动、监管谈话等措施，督促超标机构制定专项方案，明确达标期限，切实降低风险；二是重点监测集中在高风险行业的授信状况，加强行业和客户风险监测预警，降低行业集中度风险；三是重点关注集中度较高的业务领域，增强对理财资金投向非标准化债权资产的监控。对信托资金集中度较高的业务保持高压监管态势，及时提示风险，实施逆周期监管。截至 2013 年底，商业银行加权平均单一客户贷款集中度为 4.57%，单一集团客户授信集中度为 15.14%，全部关联度为 2.77%。

上海银监局积极稳妥化解钢贸行业授信风险

上海银监局督促辖内商业银行制定不良贷款"双控"工作计划，要求钢贸授信余额前 20 位的商业银行按季开展压力测试，提足拨备，提前筹划不良资产核销和商业化处置；指导商业银行对钢贸企业"有保有控、区别对待"，对于诚信企业，继续予以信贷支持；推动建立大宗商品现货质押统一登记平台，加强对仓储企业等市场主体的准入和监管。截至 2013 年底，上海银行业金融机构钢贸行业表内外授信余额从 2011 年底的 2,201 亿元降至 844.02 亿元，剔除正常回收钢贸贷款的去杠杆化影响后，钢贸行业实际不良率为 7%，钢贸信贷风险逐步化解。

山西银监局积极应对重点行业及集团客户融资风险

山西银监局组织开展煤炭、钢铁、电力、冶金等主导产业和钢贸行业信贷风险专题调研，专项排查全省七大煤炭企业、20 家集团企业和辖内各市十大集团企业融资风险，全面摸底风险情况。建立完善煤炭、焦化、钢铁、交通、电力、化工、房地产、装备制造、战略新兴、文化旅游十大行业信贷风险和理财、银信合作等 8 类非信贷融资业务监测通报制度，及时预警风险。研究制定《山西银行业重大信贷风险应急处置预案》，明确重大信贷风险的认定标准、处置流程和主体职责，规范应急响应程序，提升应急管理能力。

4. 表外业务风险

2013 年，银监会全面防控表外业务风险，继续加强对理财、信贷资产转让、同业代付等表外业务的监管，继续规范跨业合作业务，严防监管套利和风险传递，督促商业银行加强统一授信管理，按照业务的经济实质对表外业务进行会计核算，按风险实质计提拨备和资本。

（1）全面调研表外业务风险。对具有代表性的商业银行所开展的保函、信用证、承兑汇票、承诺、委托贷款、证券承销、承诺等业务的开展情况、业务管理模式、制度建设、风险管理及会计核算进行调研，研究提出监管政策建议。

（2）进一步规范商业银行理财业务。针对当前商业银行理财资金直接投资非标准化债权资产的业务增长迅速，部分银行在业务开展中存在规避贷款管理、未及时隔离投资风险等问题，银监会提出了理财产品资金来源与运用相对应，要实施单独建账、单独核算和单独管理，要合理控制理财资金投资非标准化债权资产等要求，印发《关于进一步规范商业银行理财业务投资运作有关问题的通知》，及时组织全国性专项现场检查，督促商业银行整改落实，促进理财业务规范健康发展，更好地满足实体经济地发展需求。

（3）加强表外业务现场检查。开展对中小商业银行的票据业务专项检查，对非保本理财、银行承兑汇票、收益权买入返售、委托贷款、同业代付、信用证、代理销售等表外业务开展现场检查。将委托业务作为企业集团财务公司现场检查和监管工作的重点，引导和督促企业集团财务公司规范委托业务。

（4）规范同业代付业务。对中小商业银行同业代付进行规范，有效防范利用新型同业代付进行监管套利的行为。

（五）流动性风险监管

一是起草《商业银行流动性风险管理办法（试行）》①，引入《第三版巴塞尔协议》有关流动性指标，确定适用范围和过渡期安排，并先后于 2011 年 10 月和 2013 年 10 月两次向社会公开征求意见。认真梳理并研究各方意见，采纳了其中有关董事会职责、压力测试情景、优质流动性资产变现的定期测试、流动性覆盖率标准的适用范围等方面的意见。

二是推动商业银行提高流动性风险管理的精细化程度和专业化水平。针对当前我国银行流动性风险呈现的新形势、新特点，完善流动性风险指标体系和监管框架。深入研究改进商业银行存贷比考核的总体方案，强化日均指标考核，纠正“冲时点”行为。指导商业银行提高资金来源的稳定性，牢固树立量入为出的资产业务理念，加强主动负债管理，合理控制资产负债期限错配程度。督促商业银行科学测算并合理控制理财产品、同业往来等业务对现金流的影响，按季开展流动性风险压力测试，做好流动性风险应急预案。

三是密切关注货币市场动向，做好应对预案，及时发现风险隐患，果断采取应对措施。2013 年，银行间市场

① 2014 年 3 月 1 日，银监会正式印发《商业银行流动性风险管理办法（试行）》。

出现了阶段性的流动性紧张和市场利率上升现象。通过对银行间市场和单体机构的流动性状况进行监测分析，在银行间市场波动期间，加强政策引导，积极引导市场预期，及时协调资金较为充裕的银行适度对外融出资金，维护市场稳定。

专栏 20 起草《商业银行流动性风险管理办法（试行）》

国际金融危机后，国际社会对流动性风险管理和监管予以前所未有的重视，银监会高度重视商业银行流动性风险监管工作，并于 2009 年印发《商业银行流动性风险管理指引》。近年来，银监会广泛调研、深入分析新形势下我国银行业流动性风险管理存在的问题，借鉴《第三版巴塞尔协议》流动性监管标准，对现行的流动性风险监管制度进行了梳理、补充、修改和完善，2011 年起草《商业银行流动性风险管理办法（试行）》，并于同年 10 月向社会公开征求意见。同时，银监会密切跟踪国际金融监管改革的最新进展情况，在 2013 年 1 月巴塞尔银行监管委员会公布新的流动性覆盖率标准后，及时对《商业银行流动性风险管理办法（试行）》进行了修订，并于 2013 年 10 月再次向社会公开征求意见。

《商业银行流动性风险管理办法（试行）》的出台对于我国银行业改进流动性风险管理具有重要意义。一方面，要求商业银行对包括同业和理财在内的各业务条线的流动性风险进行有效识别、计量、监测和控制，在考核主要业务条线的收益时纳入流动性风险成本，推动银行更好地平衡收益与风险之间的关系。另一方面，要求商业银行现金流测算和缺口限额应涵盖表内外各项资产负债，包括为防范声誉风险而超出合同义务进行支付所带来的潜在流动性需求，从而将同业和理财业务等表内外项目对现金流的影响纳入流动性风险的计量和控制。此外，《商业银行流动性风险管理办法（试行）》还要求强化流动性风险管理部门的职能，加强日间流动性、融资抵押品和优质流动性资产管理，以推动银行和监管机构及早识别和控制流动性风险。

媒体视角

尚福林：银行间市场流动性紧张已开始缓解

中国银监会主席尚福林6月29日在“2013陆家嘴论坛”上表示，总体看，我国银行体系的流动性并不短缺。这几天银行间市场流动性紧张的问题，已经开始缓解，这种情况不会影响我国银行业平稳运行的总体格局。但他同时也坦言，一些商业银行流动性管理和业务结构方面存在着一些缺陷，这些是应该引起银行业的高度重视的，需要银行业加大风险管理、结构调整和业务转型的力度。

尚福林主席在2013年陆家嘴论坛做主题演讲

对于“银行体系流动性并不短缺”，尚福林用一组数据进行了回应：截至6月28日，全部金融机构的备付金余额是1.5万亿左右，高出正常支付清算需求量的一倍还多；存款准备金率一直是在20%左右，支付头寸充裕。

尚福林介绍，下一步，银监会将统筹银行业改革发展的顶层设计，按照金融支持实体经济和防范金融风险的本质要求，更好地发挥市场配置资源的基础性作用，更好地推动经济结构调整和转型升级。

首先是完善广覆盖、差异化、高效率的银行业机构体系。重点引导各类银行业金融机构深化改革、合理定位、科学布局，通过特色化发展、差异化竞争、专业化服务，提高金融资源配置效率，提高银行业支持经济转型升级的能力。具体看，一是优化分类监管机制，促进各类银行业金融机构以差异化经营、差异化竞争为客户提供更全面、更好的金融服务，降低同质化竞争带来的风险。二是调动民间资本进入银行业，鼓励民间资本投资入股和参与金融机构重组改造。三是推进非银行金融机构专业化规范发展。

其次是完善贴近市场、根植实体的银行业服务体系。要健全现代银行业服务体系，为实体经济提供针对性强、持续性好、附加值高的金融服务。要发展消费金融助推消费升级，逐步扩大消费金融公司的试点城市范围，着力培养新的消费增长点。要创新服务机制提高服务效能。

再次是完善分工合作、协调发展的金融市场体系。以盘活存量、用好增量、提高社会资金使用效率为重点，提高直接融资比重，逐步形成直接融资与间接融资功能互补、结构合理、协调发展的金融市场体系。银行业作为我国金融市场的重要参与主体，要在金融市场体系建设中发挥主导作用。要规范发展理财融资，推进信贷资产证券化常态化发展，还要积极促进债券市场发展。此外，还要完善风控到位、运行高效的经营管理体系。

他表示，下一步银监会将要按照“总量控制、分类管理、区别对待、逐步化解”的原则，加强平台贷款的规范管理，切实缓解其风险隐患。同时要抓紧研究规范地方政府债务管理的制度和办法。

此外，尚福林特别提到房地产贷款，表示房地产按揭贷款的不良率远远低于1%，房价上涨趋势得到了有效控制。同时，现在对房地产商进行名单式管理，非信贷融资得到了有效控制，房地产贷款的总体风险可控。

（《证券日报》 作者：朱宝琛 2013年07月30日）

(六)操作风险监管

2013 年，银监会以推动银行业金融机构法人负责为导向，引导银行业金融机构强化操作风险管理和案件风险防范，加强合规长效机制建设，将银行业案件和操作风险事件的发生、调查、处置和整改等情况纳入风险评估、监管评级、资本要求以及市场准入的工作中。

一是健全操作风险和案防制度体系，形成涵盖银行业金融机构案件防控组织领导、质量控制、考核评估、教育培训的监管要求。落实银行业金融机构案防责任主体职责，构建案防工作实施的保障体系；评估案防工作要求落实情况，将评价结果直接与监管评级挂钩；统一问责标准、健全问责程序，创新规定停职调查机制。二是针对不同类型银行业金融机构的操作风险特征和案件防范重点，坚持差别监管原则，加大对重大案件处置和高风险机构案防的指导检查，督促改进内部控制和风险管理。三是加大对重点领域和关键环节操作风险的防范。建立案件防控统计制度，涵盖基层网点负责人和柜员管理、违规信贷和票据业务、金库管理等。建立银行业金融机构从业人员处罚信息登记制度。编发案情通报和风险提示，剖析发案环节和作案手段。四是加强与公安部、审计署等部门的沟通协作和信息交流，共同打击金融领域的违法犯罪行为。

福建银监局加强案件防控

福建银监局强化案防压力传导，注重发挥“指挥棒”的作用，组织银行业金融机构签订《福建银行业金融机构案件防控工作承诺书》，并对辖内 78 家法人机构和 1 家外国银行分行开展案防工作考核评价。部署各银行业金融机构开展案件风险全面排查，网点排查率达 100%；在此基础上，对基层网点开展突击式“飞行检查”。联合治安、消防、经济侦查、网络安全等部门业务骨干和金融安防专家组成评估小组，对省级和地市级银行业金融机构开展评估验收。举办远程视频监控现场交流会，有效发挥远程视频监控系统在案防中“千里眼”的作用。

宁波银监局构建案防“三个四”体系

宁波银监局推动辖内银行业金融机构建立“四个延伸、四项制度、四项机制”的案防体系：确保案防工作向基层延伸、向高级管理人员延伸、向培训延伸、向机制延伸；严格落实定期交流、强制休假、主办会计、行为排查四项制度；强化风险排查、技防监控、案防评估、违规追责四项机制。要求银行业金融机构以此为框架，梳理形成年度案防工作要点，建立案防工作台账制度，实时跟进评估案防推进情况。同时，建立案防工作定期评价机制、银行内部合规检查报备机制、现场检查案防必查机制等配套监管措施，实现了对银行案防工作的持续监督。

（七）信息科技风险监管

1. 加强机制建设

规范商业银行信息科技监管评级内部规程，通过评级增强监管约束力；发挥银行业信息科技风险管理高层指导委员会的平台作用，指导和促进银行业金融机构的信息化建设和科技风险防范；探索建立中小商业银行灾备资源共享机制；加强部际协作，通过示范应用促进自主信息科技成果和技术创新的开发运用。

2. 强化监管力度

2013 年，银监会首次开展中小商业银行信息科技监管年度评级并纳入机构评级体系；组织对客户数据保护、电子银行安全、信息系统应急管理、外包风险等重点领域进行现场检查；开展安全生产专项整顿；成立银行业信息科技外包服务监督检查联合工作平台，对高集中度、重点外包服务开展持续性风险监控与防范，推动外包服务市场的规范化和行业自律。

3. 完善分类监管

银监会开展政策性银行信息科技风险自评估和摸底调研；督促大型商业银行改造升级信息系统；督促城市商业银行加强灾备中心建设；组织开展“农村合作金融机构信息科技风险管理培训班”；研究起草《村镇银行信息科技监管指引》、《非银行金融机构信息科技监管指引》。

青岛银监局强化信息科技风险监管

青岛银监局着力提高法人机构信息科技风险监管水平，制定《辖区法人银行业金融机构信息科技风险监管纲要》，全面分析各类法人机构的风险特征、问题根源，并明确提出监管导向。围绕提升监管专业化和标准化水平，将“银监局版现场检查分析系统（EAST）”应用于信息科技及电子渠道风险现场检查，分析信息科技重大突发事件、网上银行违规代客操作以及信用卡套现等违规行为的特征，信息科技风险监管效率得到大幅提升。

深圳银监局研发“银行重要信息系统运行风险监测系统”

深圳银监局创新研发“银行重要信息系统运行风险监测系统”（“慧眼系统”），以准实时的方式采集银行信息科技突发事件和重要信息科技基础设施的严重错误日志，高效处理突发事件，并于 2013 年 6 月起正式在辖内主要法人银行运行。

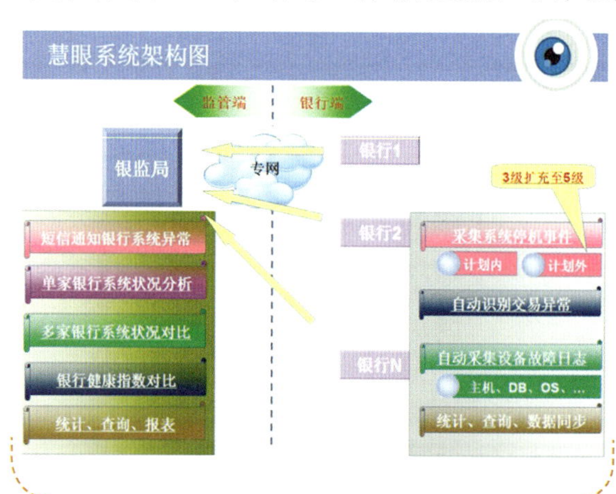

专栏 21 印发《银行业金融机构信息科技外包风险监管指引》

为规范银行业金融机构信息科技外包服务活动，银监会于 2013 年 2 月印发《银行业金融机构信息科技外包风险监管指引》。从加强自身内部控制角度，明确了银行业金融机构建立信息科技外包战略和风险管理体系的要求，对加强组织机制建设、建立外包风险评估、供应商尽职调查、合同和外包过程监控进行了具体指导。同时，重点关注具有高集中度、高风险特征，集中存贮银行数据或进行系统托管的重点外包服务活动，对其提出特别管理要求。

（八）市场风险监管

2013 年，在国内外经济金融环境不断发展变化的背景下，银监会持续指导银行业金融机构加强研究和应对能力，关注利率市场化、汇率市场化等经济政策带来的影响，综合运用各种计量工具研判利率、汇率风险，定期开展压力测试，准确揭示利率、汇率及系统性风险，坚持审慎合规的自营投资及交易策略，稳步提高市场风险管理的专业化水平。督促大型商业银行的董事会及高管层加强对市场风险的有效监控，引导政策性银行和中小商业银行进一步完善市场风险管理制度，对部分外资银行衍生产品交易业务开展专项联动检查，督导农村中小金融机构建立健全市场风险管理体系，规范有效运用存差资金。

（九）国别风险监管

2013 年，银监会进一步完善国别风险监测预警，督促银行业金融机构加强国别风险管理。一是对主要银行业金融机构在全球 209 个国家和地区的境外债权、境外债务和拨备情况实施有效监测，重点分析境外债权中的直接风险敞口、风险转移和部分表外风险敞口情况。二是密切关注国别风险准备金的政策制定和计提情况、国别风险限额的设定和管理情况，督促银行业金融机构加强国别风险控制与管理。三是针对银行业金融机构境外风险集中和受欧债危机波及严重的国家和地区，密切关注其经济金融运行情况和我国银行业金融机构对其债权投资的风险敞口变动状况，有效实施风险预警。四是密切跟踪国际经济形势变化，持续监测外资银行母国和母行的信息，加强预警分析和风险研判，评估母行的经营状况变化和战略调整对在华机构经营发展的影响。

（十）声誉风险监管

2013 年，银监会将网络舆情管理作为加强声誉风险管理的突破口，进一步推动声誉风险管理向制度化和规范化方向发展。一是加强银行业网络舆情管理工作。从树立公开透明的信息披露观念、建立快速回应机制、充分利用新媒体平台、切实发挥舆论监督作用等方面提出十条工作要求。指导银行业金融机构完善网络舆情监测、识别、排查和应对机制，及时妥善回应市场关切，树立和巩固“负责任的银行”形象。二是主动从媒体报道和网络舆情中了解当前的公众诉求，针对声誉风险事件反映的问题和线索，调整监管政策，开展风险排查和案件调查，注重从源头上解决声誉事件暴露出的本质问题。2013 年，利用网络舆情信息提示风险 350 余次，推动解决 110 余项舆情反映的问题。三是初步建立银行业金融机构声誉风险管理量化指标，探索对银行业金融机构采取分级分类的声誉风险监管评价体系。四是要求银行业金融机构在产品研发、销售和制定相关业务流程及政策时，充分考虑声誉风险因素。

银监会系统职工摄影作品

05

银行业消费者保护与教育

· 银行业消费者权益保护规制建设
· 充分发挥银行业金融机构职责
· 开展金融知识宣传
· 加强银行业公众教育
· 加强银行业消费者权益保护调查研究

（一）银行业消费者权益保护规制建设

2013 年 8 月，银监会印发《银行业消费者权益保护工作指引》，按照“预防为先、教育为主、依法维权、协调处置”的银行业消费者权益保护工作原则，明确要求银行业金融机构在公司治理、内部控制、信息披露、业务规则等方面嵌入消费者权益保护的理念和要求，强调事前控制、事中监督和事后救济，并提出八项禁止性规定，打造银行业金融知识宣传教育长效机制。此举解决了广大银行业消费者十分关心的权益保护规制缺失问题，填补了国内银行业消费者权益保护的制度空白，是我国银行业消费者权益保护领域的一项重要突破。

媒体视角　首个银行业消费者保护规定发布

专栏 22　建立健全消费者保护规章制度

自 2012 年银行业消费者权益保护局成立以来，消费者权益保护基础规制得到了进一步完善。银监会印发了《银行业消费者权益保护工作规划纲要（2012—2015）》，阐述银行业消费者保护工作宗旨、原则、框架，金融知识宣传教育，以及消费者投诉处理等重要工作内容；制定《银行业消费者投诉处理规程》，进一步完善消费者投诉应对机制；制定《银行业消费者权益保护工作联席会议制度》，强化银行业消费者权益保护工作的多方协作。

银监会派出机构通过设立金融服务巡视督导组、完善消费者投诉处理流程、开设公众教育服务区、开发金融服务网站、制作金融知识宣传片等方式，全面开展银行业消费者权益保护工作。

（二）充分发挥银行业金融机构职责

2013 年，银监会督导银行业金融机构建设完善消费者权益保护机制，承担银行业消费者权益保护第一责任人的职责，加大对消费者保护和教育工作的资源投入。

一是完善消费者权益保护工作架构。指导银行业金融机构以成立工作委员会、确定专门部门等方式，推进消费者权益保护工作条线建设，促进规划制定、信息归集、对外宣传等工作的协调统一。二是广泛普及金融知识。鼓励银行业金融机构通过网络、报纸、广播、电视等媒体，利用微信、微博、网点宣传等多种方式开展金融知识宣传，扩大消费者权益保护宣传服务工作的覆盖面和影响力。三是改进金融服务。在部分银行业金融机构开展标准服务用语和服务流程的“两标准”试点工作；继续推进“纠正行业不正之风”专项治理工作，规范银行业服务收费、产品营销等。联合证监会系统团委、保监会系统团委，在金融系统全行业青年中开展提升服务能力和提升服务水平的“双提升”活动，组织岗位练兵、技能比武等活动，以青年带动金融业服务水平和服务质量的整体提升。四是改善弱势群体金融服务。督促银行业金融机构健全管理制度、改进网点设置、优化服务流程，开通弱势群体金融服务绿色通道，改善网点无障碍设施，提供盲人专属信用卡、盲人键盘、签字框等。五是优化消费者投诉处理流程。要求银行业金融机构明确投诉调查部门、处理部门和反馈部门的职责和投诉受理程序，主动公布投诉处理渠道，加强消费者投诉处理结果后评估。

江苏银监局发起成立银行业消费者教育保护行动委员会

江苏银监局在国内首创发起成立银行业消费者教育保护行动委员会，并发布《江苏银行业消费者教育保护行动宣言》，推动商业银行落实消费者教育保护工作主体责任。省内 45 家主要银行业金融机构共同签署了《江苏银行业消费者教育保护行动宣言》，郑重做出公平对待消费者、诚实合规经营等 10 项承诺。

黑龙江银监局运用仲裁手段解决金融纠纷

中国银行业协会出版《银行从业人员消费者权益保护知识读本》

专栏 23　做好特殊消费者群体金融服务工作

银监会印发《关于做好特殊消费者群体金融服务工作的通知》，要求银行业牢固树立以消费者为中心的服务理念，充分考虑消费者需求的多样性、特殊性和差异性，建立为特殊消费者群体提供金融服务的管理制度，切实做好相关金融服务工作。图为大连银监局赴大连银行第三中心支行调研"无障碍示范银行"建设情况。

中国银行业协会印发《关于进一步改进无障碍银行服务的自律约定》，督促银行业金融机构改善无障碍服务，完善营业网点无障碍服务设施，制定针对残疾人客户的服务突发事件应急预案。

河南银监局通过司法手段维护银行业消费者权益

河南银监局通过司法手段维护银行业消费者权益。2013 年，河南银监局促成河南省高级人民法院发文要求全省组建金融审判庭。河南省全年通过金融审判庭审理案件 7,862 起，审结 4,690 起，高效维护消费者合法权益。

招商银行为残障人士提供上门服务

在招商银行深圳福田支行，有一位腿脚残疾并患有急性心脏病的 70 岁高龄客户希望开通网上银行以方便在线购物，于是委托子女到网点询问能否提供上门服务。支行柜员丘飞翠了解情况后迅速申请上级授权许可，上门为客户办理网银业务。一个月之后，老人不幸离开了人世。在弥留之际，老人特意嘱咐家人将其在网上购买的一个钥匙扣送给帮他开通网银的招商银行小姑娘，以感谢招商银行热情周到的服务。

（三）开展金融知识宣传

1. 送金融知识下乡

2013 年，银监会围绕基础金融知识、涉农信贷、信用意识培养、防范非法集资等农村银行业消费者需求相对集中的 7 个方面，制作 7 集金融知识专题宣传片，在全国县域及以下 10 万余个银行基层网点基本实现滚动播放。组织开展"送金融知识下乡"活动 57,155 场次，发放宣传材料 2,127 万份，受众 2,148 万人次，产生了良好的社会效应。

郭利根副主席出席全国"送金融知识下乡"推进会

银监会联合共青团中央共同启动选派银行业金融机构优秀青年干部赴县级团委挂职试点工作，将金融系统的专业优势与地方共青团的组织优势有机结合，把金融干部、金融资源送到基层团组织和农村青年身边，提高农村金融服务水平。

广东银监局 2013 年银行业金融知识宣传服务月活动

现场为消费者释疑

上门宣传金融知识

甘肃榆中“送金融知识下乡”活动

重庆“金融知识进万家”活动

2. 金融知识进万家

2013 年 9 月，银监会组织发起“金融知识进万家”银行业金融知识宣传服务月活动。全国银行业超过 20 万个网点参与活动，设立户外集中宣传点 8 万余个，出动宣传人员 109 万余人次，提供咨询 8,400 多万人次，发放宣传材料 8,500 多万份，发送公益宣传短信 2.6 亿余条，投放宣传片和宣传广告 108 万余条，相关报道达 3.5 万余次。先后与电视、广播、报纸、杂志等媒体达成合作意向，开辟银行业消费者权益保护知识专栏，介绍防范电信诈骗、科学使用信用卡等知识，在广大消费者中引起强烈反响。

专栏 24　丰富多彩的“金融知识进万家”活动

银监会编写《金融知识三字经》、制作《金大叔金融知识》系列动画，以新颖活泼的形式普及金融知识；上海银监局在覆盖中心城区 90% 以上的公交线路、拥有 2.8 万个收视终端的移动电视及楼宇广告播放金融知识宣传视频；河南银监局设计金融知识扑克牌，公开各银行业金融机构投诉电话，并印制金融知识“二维码”，手机“扫一扫”就可以了解相关知识；云南、西藏等银监局结合辖区多民族特点，增加具有民族特色的宣传内容；陕西、天津、山东、福建等银监局开展问卷调查，收集消费者对金融知识和金融服务的需求；中国银行等 5 家商业银行将其在中央电视台的商业广告置换为本次活动的公益宣传广告；中国邮政储蓄银行协助集邮总公司设计制作 2013 年“金融知识进万家”活动首日封；汇丰银行与《北京少年报》合作开展青少年财商教育系列活动，帮助青少年提高财商观念和金融知识。

（四）加强银行业公众教育

1. 进城务工人员

2013 年，银监会及其派出机构组织开展各类“送金融知识进工厂”活动 3,122 次，受众人数超过 180 万人次。

上海银监局组织开展万名进城务工人员基础金融知识普及活动，帮助进城务工人员树立正确的投资理财观念，累计开展培训800余场，培训人次超过万人。

将金融知识送到建筑工人手中

“银发理财，乐享生活”老年人金融知识普及公益行动

少儿财商课堂“开学第一课”活动

2. 老年人群体

2013年，银监会及其派出机构以社区为宣传阵地，向金融知识相对薄弱的老年人群体宣传金融知识，组织开展各类送金融知识进社区活动共计18,970次，受众超过4,000万人次。北京银监局、上海银监局与当地社区主管部门合作开展“银发理财，乐享生活”老年人金融知识普及公益行动，为数万名老年人讲解基本金融常识和投资理财知识，并编写《老年人金融知识读本》。

3. 青少年群体

2013年，银监会及其派出机构组织开展“送金融知识进校园”活动3,543次，受众人数超过162万人次，23个银监局编制金融知识教材，13个银监局制作金融知识动画片。

银监会与中国人民大学团委联合举办“金融知识大讲堂”，增进大学生对金融产品和服务的了解；与《北京青年报》共同举办少儿财商课堂“开学第一课”活动，为北京市红领巾通讯社的小记者们讲授金融知识和理财方法；上海银监局启动“送金融知识进中小学”的“金童工程”，以“先试点、后普及”的方式向小学至高中的学生讲授金融知识，并举办“中学生金融知识竞赛”，通过“以赛代教”的方式向上海30所中学学生、教师和家长普及金融知识。

4. 银行从业人员

为促进银行从业人员学习消费者权益保护相关知识，银监会举办“2013年度银行业消费者权益保护知识竞赛”活动，全国91余万名银行从业人员参与；将消费者权益保护政策纳入“促监管政策进基层行”活动的宣教内容。银监会派出机构以创新方式提高活动覆盖面，如广东珠海银监分局拍摄20余部“合规微电影”，宣传监管政策与理念；湖北荆州银监分局团委组织辖内银行业金融机构开展“促监管政策进基层行”知识竞赛；重庆银监局发挥主监管员、优秀银行挂职干部等青年干部各自优势，组建特色宣讲团队向银行从业人员普及知识。

银行业消费者权益保护知识竞赛活动现场

“促监管政策进基层行”知识竞赛活动现场

专栏 25　发布消费者权益保护工作标识

2013 年，银监会在广泛征选的基础上发布银行业消费者权益保护工作标识。标识主体为一双手托护 3 个人，“双手”为保护、呵护之意；“三人成众”代表消费者群体；下方环绕“银行业消费者权益保护”字样。色彩选用渐变绿色，既代表银行业消费者权益保护工作的公益性，也喻示消费者权益保护工作充满生机。该标志已正式向全行业和全社会公布，并在银监会和银行业组织开展的各项消费者权益保护工作中普遍使用。

（五）加强银行业消费者权益保护调查研究

银监会与世界银行联合召开银行业消费者权益保护国际研讨会，邀请国际金融监管专家及银行家介绍银行业消费者权益保护的实践经验；梳理 20 余个国家、地区及若干国际组织发布的金融消费者保护法律法规，编译《国际金融消费者保护法律法规选编》；参与经济合作与发展组织框架下的消费者保护研究工作，推动银监会消费者保护工作与国际接轨；组织召开银行业消费者座谈会，听取社会公众对银行业产品和服务的意见建议，就信用卡、代理保险等消费者反映较为集中的问题组织专题调研。

银监会与世界银行合作召开银行业消费者权益保护国际研讨会

银监会系统职工摄影作品

06

监管制度与能力建设

- 监管思路
- 监管制度建设
- 监管方式
- 监管交流与合作
- 内部建设

（一）监管思路

2013 年，银监会紧紧围绕贯彻落实党中央、国务院各项改革精神，准确把握银行业发展基调、服务方向、改革重点、风险防线、创新精髓和监管导向，进一步健全促进宏观经济稳定、支持实体经济发展的现代银行业体系，进一步推动银行业深化改革和发展转型，进一步改进系统性区域性风险的防范措施，促进经济金融发展质量和效率同步提升。在指导银行业发展转型中把握以下关键要素：一是激励考核和文化培育并举，合力推进战略转型；二是始终坚持服务实体经济导向；三是抓好定价能力建设这一关键环节；四是坚持特色化经营，发挥比较优势，形成核心竞争力；五是敏感应对转型过程中的新风险；六是着力信息化建设，夯实业务经营和风险管理的内部基石。

媒体视角

银监会主席尚福林提出深化银行业改革 做“负责任的银行”

我国银行业近年来的发展有目共睹，不但抵抗住了国际金融危机的冲击，保持了稳健发展、有序竞争的态势，同时在提高金融服务质量、加强金融消费者保护、支持实体经济转型升级方面，做了大量工作。在中国银行业协会第十三次会员大会上，银监会主席尚福林提出从六个方面深化银行业改革。

强化有效制衡 完善公司治理

完善银行公司治理工作的核心在于坚持有效制衡原则，尚福林强调，深化银行业改革要强化对股东、董事的行为制衡，完善对高管层的激励制衡，提升银行内部监督制衡力量。

同任何股份制企业一样，完成了股份制改造的商业银行既要防止股权过度集中可能导致的大股东控制问题，又要防止股权过度分散可能造成的内部人控制问题。尚福林表示，在深化改革过程中，应更多运用市场机制遴选优质股东。加强对主要股东的行为约束，对股东严重侵害银行机构和其他利益相关者合法权益的行为加强问责，必要时可强制要求转让股权，防止股东不当作为。要清晰界定董事会和高级管理层的职责边界，防止出现“经营型董事会”。细化董事履职要求，完善履职评价制度，防止出现“会议型董事会”。

过度注重短期效益会损害银行的长期发展，这是国际金融危机带给全球金融业的沉痛教训之一。尚福林表示，下一阶段的银行业改革发展要加快完善与风险挂钩的薪酬体系和延期支付机制，着力解决薪酬与风险不对称问题。逐步探索试点股权激励等中长期激励方式，切实将高管层的个人利益与银行中长期发展目标有机统一起来。

目前，我国商业银行独立董事和监事会作用发挥并不充分。尚福林认为这种现象的主要原因是这些人员的产生及薪酬决定机制独立性不强。接下来要重点改进独立董事和监事的提名机制，提高中小股东和其他利益相关方的发言权。增强对独立董事和监事履职评价和薪酬考核的独立性，提高监督制衡的意愿和能力。

加强品牌建设 推进差异化竞争

尚福林表示，不同的银行机构应深入分析各自的比较优势和资源支撑能力，在“全球性银行、全国性银行、地方性银行、社区性银行”中找准战略定位。要坚持有所为有所不为，走特色化、专业化发展道路，避免“大而不强，全而不优”。立足目标市场，发掘特色强项业务，专注核心精品业务，围绕核心探索开展新业务，努力做细做精，降低核心产品的可替代性，形成独特竞争优势。通过高品质、高契合度、高附加值的差异化金融服务，为客户创造良好服务体验，打造叫得响的特色品牌。

实施差异化发展战略，有赖于高效专业的运营管理支持。对于银行业而言，既要加强垂直化、集约化的条线管理，又要增进各条线之间的横向协同配合，提高整体运营管理水平和资源利用效率。围绕核心业务及关联延伸业务，加大资源投入，优化考核评估，推进业务产品集成创新。加快管理信息系统改造升级，增强系统支持保障能力。

实施风险隔离 稳妥开展综合化经营

我国金融体系中银行业居主导地位，在金融体系的发展过程中，不少银行机构都完成了综合化经营的布局。对此尚福林表示，下一步的改革要实行机构隔离，为综合化发展奠定组织基础。要按照分业经营、分业监管的要求，通过设立独资或绝对控股子公司的形式，强化与子公司的机构隔离。明确与子公司之间管理职务不得兼任，以增进子公司的公司治理独立性。明确对子公司的责任底线，锁定风险责任上限。赋予子公司独立发展空间，鼓励其独立参与市场竞争，推进集团良性发展。

要围绕整体战略，强化与子公司的业务隔离。合理设定子公司的业务职能、市场定位、经营目标。明确与子公司之间按照市场原则进行交易，相关业务标准、价格和收费不得优于独立第三方，并定期审查、定期披露，防止不规范业务往来和利益输送引发风险传染。加强各成员单位之间的业务联动，增强协同效应，避免盲目扩张、无序竞争造成资源浪费和风险失控。

在一定时期内，如果子公司的资本回报率和资产回报率达不到所在行业平均水平，商业银行要主动退出，防止子公司经营不善影响银行整体盈利能力。如果子公司发生重大风险事件，集团应严格明晰其风险责任界限，避免风险兜底，防止风险蔓延引发更大的问题。

遵循"栅栏"原则　审慎推进金融产品创新

信贷业务是银行的看家业务，本质上是银行吸收存款、发放贷款并承担风险的信用创造活动，主要赚取利差。尚福林表示，要按照风险管理和承受能力，设定业务范围和规模；对本质上属于信贷的任何业务创新，都必须严格按信贷标准管理，且不能附加不合理条件，不能违规乱收费。同时，可以自主探索对公、零售等信贷业务的事业部专营机制，按照客户需求特点创新具体产品，提高信贷管理精细化水平和服务匹配度；推进信贷资产证券化常态化发展，加快不良资产市场化处置，但风险必须真实转移，对留存风险必须相应计提资本和拨备。

对于银行理财业务，尚福林强调可建立专营机制，按照相应标准对资金募集、投放、风险等进行严格管理，主要赚取管理费，严禁利润分成，严禁风险兜底，严禁"脱实向虚"。要实行归口业务管理、专户资金管理、专门统计核算，确保理财产品资金来源和运用一一对应、期限一一对应。可以探索理财业务有效服务实体经济的新产品、新模式，推动理财业务规范化、规模化发展，逐步成长为银行常规重点业务。

对于渠道代理业务，尚福林表示银行仅为这类业务提供买卖渠道便利，主要赚取手续费，既不存在信托关系，也不存在债权债务关系。要做好与信贷、理财、投资等业务的"栅栏"隔离，严禁"飞单"销售，严格收费管理，严防责任关联和风险兜底。在此基础上，可以探索与多种金融机构开展多个产品的代理销售合作。

有价证券投资是银行为管理流动性或缓释风险，在证券市场上购买组合投资产品，并承担市场风险、赚取价差收益的业务。尚福林表示，此类业务极易放大风险，必须严格设定自营交易种类和限额，并在限定范围内重点投向资本占用少、流动性强的证券品种。

强化集团并表　提升全面风险管理水平

针对银行业综合经营的发展态势，尚福林表示，一方面，要推进风险全口径并表。站在全局角度，按照风险责任归属原则，加强母子公司的上下并表；按照实质重于形式原则，加强表内表外业务的内外并表；按照政策一致性原则，加强境内境外的本外币并表，防止风险隐匿、转移、传染、放大。

另一方面，要推进风险全方位管理。根据银行总的发展战略目标，合理确定整体风险偏好，设定全口径大额风险暴露限额和风险容忍度，严格控制整体杠杆水平和总体风险水平。科学评估对各类风险的实际承担、动态变化和关联关系，完善风险管理制度、工具、方法，提高全面风险管理能力。

加强信息披露　提高社会公信力

因为自身的特殊地位和业务的广泛性，银行业一直备受社会各界关注。尚福林特别强调银行要坚持信息披露原则，提升社会公信力。他表示，有些银行将对外宣传停留在产品广告上，将信息披露停留在满足监管要求上，将声誉管理停留在不出负面舆情上，定位不准、方向不明、工作不力，经常陷入被动。要充分认识信息披露的价值，将其作为主动接受客户、金融消费者和市场监督的载体，维护客户关系、改善公共关系、塑造市场形象的工具，加强品牌战略管理的重要方法。

同时，要强化董事会对信息披露的责任，主动披露积极信息，加强舆论引导。合理制定披露规划，既有关键时点的集中披露，又有平常时段的持续披露。善用多种媒体，既有主流媒体的稳固主渠道，又有自媒体的广泛新渠道。丰富披露语言，既有专业准确的政策措施阐释、经营成果介绍、重大情况说明，又有通俗易懂、可读性强、接受度高的信息解读，使所披露的信息易于接受、能被信任。对于确实存在的问题，要勇于承认，勇于正视，并及时披露整改行动及成效，赢得理解，树立和巩固"负责任的银行"形象。

（《经济日报》 作者：刘溟　2013年09月17日）

（二）监管制度建设

1. 完善监管法规框架

2013年，银监会印发《中资商业银行行政许可事项实施办法》、《消费金融公司试点管理办法》、《银行业金融机构董事（理事）和高级管理人员任职资格管理办法》3件部门规章；印发《中国银监会关于银行业服务实体经济的指导意见》等19件规范性文件。

2. 参与制定法律法规

2013年，银监会参与《中华人民共和国商标法修正案（草案）》、《中华人民共和国专利法修订草案（送审稿）》、《中华人民共和国社会救助法（草案）》、《中华人民共和国税收征收管理法（修正案）》、《中华人民共和国广告法（修改草案）》、《城镇住房保障条例（送审稿）》等法律法规的起草或修改工作。

（三）监管方式

1. 市场准入

（1）简化行政许可事项与操作程序。一是完善相关法规制度建设，按照简政放权思路，印发《中资商业银行行政许可事项实施办法》，并加速完成外资银行、农村金融机构和非银行金融机构行政许可实施办法的修订和颁布。二是平衡好“下放”与“管好”之间的关系，对下放和取消的行政许可事项，做好后续监管安排，通过事后报告、现场走访、抽查核实以及非现场监测等手段加强监管，防范风险。三是统一中、外资银行以及不同类型中资银行的准入标准，避免监管套利。

（2）促进银行业优化结构布局。完善机构网点设立标准和后评价等准入制度；实行差别化、针对性准入政策，引导银行业更好服务实体经济和居民消费需要；扩展中资银行在海外的服务网点与市场份额，为中资企业海外发展提供金融支持；引领银行业金融机构下沉服务网点，设立社区支行、小微支行、科技支行等；引导民间资本进入银行业，并稳妥推动设立自担风险的民营银行；支持外资银行在东北、中西部或外资银行空白地区设立网点；有序推进设立租赁公司、消费金融公司；优先支持在老少边穷地区、农业主产区、小微企业集中地区设立村镇银行，增设行政村寨金融服务网点，提升金融服务均等化水平。

（3）加强市场准入与分类监管的结合，督促银行业金融机构改进公司治理。结合非现场监测、现场检查情况，银行整体风险经营发展状况等综合因素决定市场准入，包括：与监管评级结果、案件和行政处罚等挂钩；严把股东资质，完善银行股权结构，强化对股东、董事行为的制衡，推进银行完善公司治理。

（4）鼓励审慎开展金融创新。推进中外资银行开展资产证券化业务试点、资本工具创新发行；引导加强小微企业金融服务，支持中小商业银行发行小微企业专项金融债券等业务；引导外资银行充分利用全球网络优势，在支持中资企业“走出去”和跨境人民币业务发展中发挥优势；支持战略清晰、符合投资条件的农村商业银行开展跨业投资试点。

2013 年，银监会及其派出机构共办理各类行政许可事项 60,385 件。其中，涉及机构设立、变更和终止审核事项 21,432 件，业务审核事项 5,673 件，董事和高级管理人员任职资格审核事项 33,280 件。

王兆星副主席出席全国银行业化解产能过剩暨践行绿色信贷会议，并主持《中国银行业绿色信贷共同承诺》签署仪式

专栏 26　清理行政审批项目

银监会按照国务院“既要把该放的权力放开放到位，又要把该管的事务管住管好”的要求，扎实推进行政审批制度改革。对现有行政审批事项进行全面细致的摸底核实，在征求并吸收各方意见的基础上，确定了 2013–2015 年度取消和下放审批项目规划事宜。3 年内拟取消包括外资银行营业性机构停业后申请复业审批、外资银行分行动用生息资产审批、外资金融机构由总行或联行转入信贷资产审批三大项在内的 84 个具体行政审批项目。银行业是专业性很强的特许经营行业，保留的 9 项行政审批项目经过长期经验总结而成，是保护金融消费者权益和防范金融风险的基本手段。

（1）以《中资商业银行行政许可事项实施办法》修订为契机，将 2013–2015 年度取消和下放行政审批项目中涉及中资商业银行的相关内容，一次性全部体现在新修订的办法中。对不再进行行政审批的事项，采用报告制进行管理。在“放权”的同时，强化事中、事后监督管理，确保不出现监管“真空”，维护银行业稳健运行和满足市场有效金融需求。

（2）修订《外资银行行政许可事项实施办法》，并已完成向社会公开征求意见。修订后的《外资银行行政许可事项实施办法》缩小了外资银行行政许可范围，简化许可程序，进一步扩大开放、统一中外资银行准入标准。同时，加强对外资银行的持续、审慎监管，实现“下放”和“管好”有效衔接。

（3）修订《农村中小金融机构行政许可事项实施办法》，拟取消 19 个具体的行政审批项目，占银监会行政审批项目总数的 22.6%；拟下放 7 个具体的行政许可事权。

2. 非现场监管

（1）完善非现场监管制度。一是进一步规范商业银行监管评级流程，确保监管评级的科学性和实用性。二是实施新版客户风险统计制度，实现主要银行业金融机构对公表内外授信的全口径监测。三是实现银行业金融机构对融资平台进行融资的全口径统计。

（2）提升数据质量。一是持续推动《银行监管统计数据质量管理良好标准（试行）》的外部评估，推进银行数据基础平台建设，加强银行数据质量管理；二是加强新资本充足率报表、新版客户风险统计报表、新修订流动性覆盖率报表等新版报表的数据质量管理工作，确保新报表及时、准确填报。

（3）丰富非现场监管工具箱。完善"银行风险早期预警系统"建设，推动客户风险预警研究，适时调整风险指标与预警模型，增强对各种风险研判与防控的前瞻性。

（4）强化前瞻性监管。充分运用非现场监管信息系统等平台，及时监测、识别和评估各家银行及银行业系统的潜在风险；密切跟踪国内外经济金融形势，提高对重点银行、重点领域的风险监控能力；及时识别化解部分行业、产品、民间融资风险传染等潜在系统性风险问题；督促银行业金融机构定期进行压力测试，积极防范极端事件风险。

（5）加强非现场监管联动。继续加强与其它部委的联合监管，利用好"一行三会"联席协调会议，积极开展跨部门联合督导和检查，筑牢银行、证券、保险机构之间的"防火墙"，有效防范跨业风险。加强非现场与准入、现场检查的沟通合作，银监会机关各部门和系统内部的上下左右联动，深入市场，加强调研，与被监管机构充分沟通；通过监管联席会议、审慎监管会议、走访等方式，及时提示风险，传递监管意图。

专栏 27 银监会推进监管工具箱建设

2013年，银监会12个部门组成专题研究小组和核心起草小组，分机构类别、分风险类别对我国现行银行监管指标体系的架构和应用、国际银行监管实践的新趋势、我国银行监管指标体系存在的问题进行纵、横矩阵式研究，设计构建新监管工具箱。新监管工具箱在现有银行监管框架下，遵循"适度前瞻、简单实用、灵活多样"的原则，进行大胆创新，一方面，承接了原有体系中使用效果良好的监管指标；另一方面，参考国际最佳实践、银行日常风险管理指标，提出全新监管指标，现已基本形成符合我国银行业实际情况和发展趋势的新风险监管指标体系。主要分为以下六类：

一是资本充足类指标。主要反映银行资本充足水平，包括资本充足率和杠杆率两个监管指标。二是信用风险类指标。从资产质量、贷款迁徙、风险准备、风险处理能力、集中度风险、违约情况、评级迁徙、违约损失、预期损失、风险暴露、风险缓释等维度全面衡量信用风险。三是流动性风险类指标。分为定量与定性两类，定量监管指标从银行的整体情况、资产结构、负债结构、同业业务、理财业务、外资银行六大维度进行设计；定性监管方法则采取由负债质量监管、全面监管、动态监管、结构监管4种方式相结合的监管安排。四是市场风险类指标。对原有的市场风险非现场监管指标进行调整，并结合市场风险内部模型法的计量成果，最终形成集中度、损失率、违约概率、敏感性、模型稳健性五大类指标。五是操作风险类指标。包括操作风险水平指标、操作风险迁徙指标、操作风险抵补指标3个层次，分别体现了操作风险的发生、发展和处置的演变过程。六是盈利性类指标。分为盈利水平、盈利结构和持续盈利能力3个部分，其中盈利水平反映当前状态，盈利结构反映盈利来源组成，持续盈利能力反映发展趋势。

(6) 加强国际合作。积极参与第三版巴塞尔协议、全球系统重要性金融机构等定量测算工作，推动非现场监管与国际标准接轨；申请亚洲开发银行压力测试技术援助项目，合作推进国内银行业压力测试工作。

杜金富纪委书记到天津调研

3. 现场检查

(1) 以现场检查强化风险防控。坚持“风险为本”原则，充分利用现场检查贴近市场的优势，对所关注的热点问题和重点风险领域实施现场检查。持续加强了对产能过剩行业、地方政府融资平台、房地产行业、大型集团客户等行业或领域的现场检查力度，跟踪风险变化，严控重点风险领域的信用风险。此外，实施了 20 项票据业务检查，促使信贷资金流向实体经济；开展了 39 项银行信息科技风险现场检查，加强银行信息科技和网络风险管理。

(2) 以现场检查促进改革转型。坚持“法人监管”原则，主要针对中小法人机构实施了 61 项全面检查。通过检查帮助中小法人机构合理定位、促进科学布局。此外，通过对资本充足率的检查，督促银行业金融机构改进风险管理机制，转变经营方式。

(3) 以现场检查督促问题整改。实施后续检查 54 项，通过检查充分了解银行业金融机构对历史问题的整改落实情况，确保监管要求和监管意见落实到位。同时，通过现场检查，提出政策建议，校验监管政策的适用性，及时调整和修正相关法规。

(4) 以现场检查提高监管有效性。推行四项改革：一是“事先指导”。确定现场检查重点内容，提供方向指导。二是“法人立项”，统筹资源。对同一机构的不同检查，实行“一次进场、分组检查”。三是“风险为本”，紧盯形势。检查项目向高风险业务和领域倾斜。四是“系统联动”，增强协同。确定九大类重点检查项目牵头部门，统一检查方案、标准和处罚措施，加强检查工作的整体性。

(5) 以现场检查体现监管震慑力。强化现场检查处罚力度，对违规机构、违规人员依法实施行政处罚，发挥警示监督和外部震慑作用。

推广银监局版 EAST 系统

2013 年，银监会自主研发银监局版现场检查分析系统（EAST）并在全国 36 家银监局完成系统部署，完成 936 家试点银行业金融机构（含省联社下属行 / 社）监管数据采集，建立统一的监管数据标准，实现对表内外多种业务和各种风险领域疑点数据的排查，以及检查分析思路模型的通用共享。湖北银监局在辖内某银行现场检查项目中，利用自主研发的“银行贷款挪作保证金检查模型”，仅用 1 分钟就筛查出窄口径疑点 42 处，解决了传统检查方式中调阅周期长、人工比对效率低等问题。

北京银监局优化现场检查大队工作机制

北京银监局围绕规范流程、打造团队、深化培训、强化考核和转化成果五个方面，优化现场检查大队工作机制建设。一是建立健全七项内部管理制度，促进现场检查、非现场监管和综合处室三方联动协调。二是实施自选项目、组长主查一体制以及专业团队 3 种检查组织机制，培养新型业务检查专业带头人，深化集中培训、新员工一对一辅导以及平台学习培训机制。三是强化检查质量和履职情况双考核，实施风险提示与调研相结合提升检查成果的综合化运用。

广西银监局实施正向监管激励

广西银监局强化辖内银行业金融机构监管配合度评估考核，运用市场准入、现场检查频度、监管指标容忍度和监管评级等手段实施监管激励。对小微企业金融服务落实成效显著、风险管控良好的银行建立准入“绿色通道”，支持符合要求的银行优先发行小微企业专项金融债。全面推行自查承诺制，深化监管部门与机构内审以及外部审计机构的联动，制定现场检查问题定性及违规处理规程，区别对待检查和自查发现的问题，提高银行自查自纠能力，落实银行风险防范的第一责任。指导和推动地方法人机构以实施新商业银行资本管理办法为契机，落实“减利增备”，强化内源资本补充，助推机构转型发展。

专栏 28 重大现场检查项目

对大型商业银行的现场检查包括：对中国农业银行理财及影子银行相关业务，交通银行信用风险进行现场检查。

对中小商业银行的现场检查包括：对中信银行票据业务，中国光大银行资本计量高级方法评估，招商银行并表后续及内部控制情况，民生银行艺术品投资理财业务，平安银行同业往来业务，北京银行表外业务，九江银行内部控制情况进行现场检查。

对政策性银行及国家开发银行、中国邮政储蓄银行和金融资产管理公司的现场检查包括：对中国进出口银行、国家开发银行境外信贷资产管理和风险状况，中国农业发展银行贷款风险分类真实性，中国邮政储蓄银行信贷、理财业务，长城资产管理公司商业化业务进行现场检查。

对农村中小金融机构的现场检查包括：对 2 家农村信用合作联社业务经营全面情况、1 家农村商业银行全面风险管理和业务经营合规性进行现场检查。

对外资银行的现场检查包括：对摩根士丹利（中国）进行全面现场检查，对星展银行（中国）等 4 家外资法人银行进行衍生产品交易业务专项检查，对汇丰银行（中国）等 4 家外资法人银行进行操作风险、分支行管控和销售人员管理专项检查。

对非银行金融机构的现场检查包括：对华鑫国际信托有限公司、中粮信托有限责任公司、中海石油财务有限责任公司进行专项检查，对航天科工财务有限责任公司、中国移动通信集团财务有限责任公司进行全面检查，对中化集团财务有限责任公司进行后续检查，对中粮财务有限责任公司、三峡财务有限责任公司进行现场评级。

4. 风险处置与市场退出

阎庆民副主席到四川调研

（1）进一步完善风险处置与市场退出相关法规建设。根据十八届三中全会“完善金融机构市场化退出机制”精神，银监会加快相关立法工作，推进银行业金融机构风险处置、破产与有序市场退出的法律规范建设；积极参与国际金融监管改革，加快制订全球系统重要性银行恢复与处置计划；配合中国人民银行、国务院法制办研究存款保险制度的建立和立法工作，进一步保障存款人和金融消费者的合法权益，维护金融稳定。

（2）促进对历史包袱和风险的化解处置。一是强化政策支持、分类指导，推动历史包袱较重的银行业金融机构完善风险处置预案，明确目标、完成时限和责任，积极争取地方政府、税务、司法等部门支持，通过市场化运作，盘活存量不良资产。二是支持高风险机构引入合格银行业金融机构和民间资本等战略投资者，实施股权和公司治理改造，通过重组并购、增资扩股等方式注入新的资金，改善经营模式，化解历史包袱，实现良性、可持续发展。三是积极探索设立信托行业稳定基金，发挥行业合力，消化单体业务及单体机构风险。

5. 监管问责与处罚

2013 年，银监会通过各类现场检查，共查处银行业金融机构违规金额 2.3 万亿元，处罚违规银行业金融机构 1,341 家，取消高级管理人员任职资格 38 人。行政处罚事项涉及银行业金融机构违法违规经营、从业人员违反内部制度等。

（四）监管交流与合作

1. 国内监管协作与信息共享

2013 年，银监会进一步加强与国内相关职能部门的沟通协作，增进与国内其他金融监管部门的监管交流与合作。与发展改革委、工业和信息化部、财政部、国土资源部、住房和城乡建设部等部委联合对融资平台、房地产、产能过剩行业、银行理财和信托业务等重点领域的金融风险防控问题进行系统研究。与科学技术部、工业和信息化部、公安部共同召开国产主机产业联盟成立暨金融行业国产化应用座谈会，研究我国金融业国产化的可行路径和相关方案。继续深化与人民银行、证监会、保监会之间的协调机制建设，定期召开联席会议。

为扩大信息共享，增进银行监管理论与实践交流，银监会主办《中国农村金融》和《金融监管研究》两份期刊。其中，《金融监管研究》除面向社会公众发行外，还定期发送中央、国务院有关部门，有效拓展信息沟通渠道。

2. 跨境监管合作交流

（1）进一步发展跨境监管合作关系。2013 年，银监会分别与柬埔寨国家银行、马恩岛金融监管委员会、赞比亚中央银行、乌拉圭中央银行金融服务监管署、以色列银行、巴林中央银行和哈萨克斯坦国家银行签署了双边监管合作谅解备忘录。截至 2013 年底，银监会已与 55 个国家和地区的金融监管当局签署双边监管合作谅解备忘录或合作协议。此外，为加强跨境银行危机管理，2013 年，银监会与中国澳门金融管理局、俄罗斯中央银行补充签署了跨境危机管理合作协议。

（2）积极开展跨境监管磋商。在与多个国家和地区的金融监管当局建立正式双边和多边磋商机制的基础上，2013 年，银监会分别与美国、加拿大、新加坡以及中国台湾和香港地区的银行业监管机构举行双边磋商，共同探讨监管问题。此外，银监会积极参与高层和跨部委的双边和多边会议，包括第五轮中美战略与经济对话框架下的经济对话、第五次中英经济财金对话、第一轮中法高级别经济财金对话、第八次中欧财金对话、第六次中印财金对话、中巴财金分委会第四次会议、中哈金融合作分委会第九次会议、中俄金融合作分委会第十三次会议等。

（3）召开国际咨询委员会会议，举办和参加银行国际监管联席会议。2013 年 7 月，银监会国际咨询委员会第十一次会议在北京召开，主要议题包括国际银行业环境变化及对监管的影响等。11 月，银监会举办中国农业银行（国际）监管联席会议和中国银行亚太区域监管联席会议，与来自 13 个国家和地区的金融监管当局就两家银行的监管情况以及系统重要性银行监管经验等进行了沟通交流。2013 年，银监会共参加了汇丰银行、瑞士银行、新韩银行等 10 家在华外资银行母国 / 地区监管当局举办的国际监管联席会议，全面了解跨国银行集团层面的总体风险、经营和监管情况，增强了国际协作和跨境危机处置能力。

（4）增进与多国监管当局监管工作层面的沟通协作，加强跨境现场检查合作。2013 年，银监会与在华外资银行母国 / 地区监管当局深化监管工作层的交流与合作，与中国香港金融管理局、韩国金融监督院分别召开监管工作层平台会议，与中国香港金融管理局建立现场检查信息共享机制；协调英国、菲律宾等 7 个母国 / 地区监管当局，对 18 家外资银行在华机构实施跨境检查或走访，组织、参加与境外检查人员的监管会谈，共享重大检查发现，共同促进银行落实整改措施；协助台湾金融监管当局检查组完成首次对台资银行在大陆分支机构的跨境现场检查，与检查组举行会谈，就深化工作层监管合作、促进监管信息共享等进行了交流探讨。

（5）继续深入参与国际金融监管改革。银监会积极履行巴塞尔银行监管委员会成员责任，认真参加金融稳定理事会和巴塞尔银行监管委员会全体大会和各层级工作组工作，配合巴塞尔银行监管委员会完成了对中国资本监管规则与《第三版巴塞尔协议》的一致性评估，获得了巴塞尔银行监管委员会的充分肯定，并受邀承办第 18 届国际银行监督官大会（International Conference of Banking Supervisors，简称 ICBS）。

专栏 29　召开国际咨询委员会第十一次会议

2013 年 7 月 11 日至 12 日，银监会国际咨询委员会第十一次会议在北京召开。会议议题主要包括：国际银行业环境变化及对监管的影响、银行服务实体经济并推进小微企业金融服务、银行处置和恢复安排、金融消费者保护与教育等。尚福林主席向外方委员们通报了中国当前宏观经济金融形势和面临的挑战，以及银行业改革发展和监管情况。外方委员们对中国银行业监管所取得的成就表示高度赞赏，并就加强银行业稳健发展、推进银行服务实体经济、完善问题机构有序破产和处置安排、加强金融教育和维护消费者权益等方面介绍了国际良好做法并提出了相关建议。

（五）内部建设

1. 党的群众路线教育实践活动

根据中央统一部署，银监会系统各级党组织自 2013 年下半年开始，以为民务实清廉为主要内容，以贯彻落实中央八项规定精神为切入点，紧紧围绕银行业监管中心工作，突出加强和改进作风建设，深入开展第一批党的群众路线教育实践活动。活动中各级党组织始终保持饱满的政治热情和务实的工

尚福林主席到天津调研指导党的群众路线教育实践活动，并实地调研华明村镇银行柜台服务情况

作作风，党委带头抓学习，敞开大门听意见，动真碰硬找问题，攻坚克难做整改。会党委多次组织集体学习，深入听取意见建议，班子成员先后开展三轮谈心，动真碰硬提出批评意见，深刻查摆“四风”问题。针对这些问题，迅速制定“两方案一计划”，并大力推进。

经过系统上下的共同努力，银监会第一批教育实践活动达到了反对“四风”、加强作风的预期目的，取得了群众看得见的实际效果。

2013 年 5 月，受中央纪委委托，银监会纪委组织中国银行等 10 家银行业金融机构的纪检监察干部开展会员卡清退活动，共有 30,684 名纪委委员、纪检监察干部职工（含县级支行纪委委员）全部做出零持有报告，完成了清退对象无一遗漏、清退范围不留死角、清退时限按期完成的目标，对促进中央金融机构纪检监察干部自身建设，树立依法公正、廉洁形象，提高依纪依法履职能力具有重要意义。

（1）深入树立并扎实践行“为民监管”的工作理念。各单位立足于全面提高为民监管的能力水平，采取制定监管指导意见、发布出台工作指引、组织开展经验交流和调整优化流程等一系列工作举措，实现了更好地保护广大存款人的根本利益、更好地保护金融消费者的合法权益、更好地满足广大人民群众丰富多元的金融需求和更好地改善广大人民生产生活的目标。

（2）大力弘扬了为民务实的优良作风。认真贯彻落实《党政机关厉行节约反对浪费条例》，大兴求真务实、真抓实干、谦虚谨慎、艰苦奋斗之风。领导干部带头加强和改进调查研究，积极精简会议文件。全面清理评比达标表彰项目，大力压缩“三公”经费。推进惩防体系的建设和权力运行制约监督体系的健全完善，引导党员干部牢固树立廉洁从政的从业意识，增强拒腐防变的自觉性，廉洁型监管机构和金融企业建设进一步取得成效。

（3）通过部署开展金融消费维权、薄弱环节金融服务、简政放权、机关作风建设 4 个专项整改，有效解决了干部作风和金融消费者关心的一批突出问题。银行业消费者权益保护组织机构和工作制度得以建立健全，信用卡盗刷、银行乱收费等反映强烈的问题得以严肃整治，监管审批事项进一步清理、取消和下放，监管层级、监管方式和监管人员履职行为都得以优化和规范，金融服务实体经济和支持改善民生的力度进一步增强。

（4）初步建立了改进作风的长效机制。在对银监会成立以来制定的涉及规范作风建设的各项制度进行认真梳理的基础上。按照“科学、依法、务实”的思路，围绕“四风”问题易发多发领域，建立健全七项制度规定，辅以严格的监督检查和问责措施，提高制度的可操作性和执行力。

2. 党风廉政建设与纪检监察

2013 年，银监会认真贯彻党中央、国务院关于加强党风廉政建设和反腐败工作的战略部署，扎实推进领导干部作风建设，按照惩治和预防腐败体系建设的要求，持续加大巡视、行政监察、审计等监督工作力度，依纪依法做好信访举报和案件查处工作，重视纪检监察队伍自身建设，切实提高履职能力。

（1）扎实推进作风建设。银监会各级党委把贯彻落实中央八项规定和银监会党委实施细则作为加强作风建设的刚性约束，严格规范领导干部公务行为，着力扫除形式主义等“四风”积习。

（2）党风廉政宣传教育。各级党委、纪委负责同志开展反腐倡廉形势教育、岗位廉政教育和党性党风党纪教育。组织银监会系统开展推荐廉政文化建设示范点的活动，经反复遴选，确定 17 个廉政文化建设示范点。

（3）惩治和预防腐败体系建设。深入学习《建立健全惩治和预防腐败体系 2013—2017 年工作规划》，按照中央纪委分工方案安排，银监会牵头人民银行、证监会、保监会和监察部等有关单位建立健全金融监管协调机制，健全金融企业内控机制，提升监事会和内审、稽核、合规、监察等监督机构的专业性和独立性。

（4）强化日常监督。一是巡视工作。完成对江苏、江西、甘肃、宁夏银监局和中国长城资产管理公司的巡视，着重了解在党风廉政建设、遵守党的政治纪律、选人用人等方面存在的问题，形成威慑。二是经济责任审计工作。完成对山东、湖南、云南、青岛银监局和中国长城资产管理公司、中央国债结算有限责任公司主要负责人的任期经济责任审计工作。三是执法监察和效能监察工作。全年两项监察立项 392 个，发现问题 3,050 个，提出监察建议 1,636 条，通过提出监察建议，完善规章制度 239 项。四是通过任职廉政谈话、诫勉谈话和函询对干部进行提醒教育，防微杜渐。五是稳步推进廉政风险防控工作，初步列出廉政风险点 29 个，制定防控措施，注重构建风险管理流程。

（5）信访处理、案件查处和治理商业贿赂工作。银监会系统各级纪检监察部门共处理信访举报申诉件 589 件，办结率 84.2%。全年发生案件 6 起，涉案 12 人；结案 3 起，处理 3 人。

（6）重视纪检监察部门履职能力建设。落实“打铁还需自身硬”的要求，对全系统 6,193 名各级纪委委员、纪检监察干部（职工）持有会员卡开展专项清退，全部做出零持有的报告。委托中国纪检监察学院举办全系统纪委书记培训班，组织全系统 2,380 余名专兼职纪检监察干部参加“古代监察制度及对当代的借鉴”集体学习讲座。

3. 领导干部培训

银监会认真组织开展领导干部政治理论培训

2013 年，银监会以学习贯彻十八大和十八届二中、三中全会精神和习近平总书记一系列重要讲话精神为重点，把理论学习与推动工作结合起来，把增强党性修养与提高干部能力结合起来，精心设计培训内容，突出行业党校特色，认真组织开展领导干部政治理论培训。

银监会先后面向中管银行业金融机构领导班子成员，会机关部分部门、部分银监局、有关行业协会和会管金融机构主要负责人，举办“学习贯彻习近平总书记系列讲话精神暨金融风险防范与国家安全战略专题研讨班”；面向系统局级领导干部，举办2期“局级领导干部深入学习贯彻十八大精神暨银行业监管重大战略问题专题研讨班”和1期“局级领导干部深入学习贯彻十八大精神暨群众路线教育实践活动专题研讨班”；面向银监分局局长，举办“深入学习贯彻习近平总书记系列讲话精神暨银行业监管重大战略问题专题研讨班”；面向系统统计干部，举办“深入学习贯彻十八大精神暨宏观形势分析专题研讨班”；面向机关处级干部，举办“深入学习贯彻十八大精神培训班”；面向基层，举办“县（市）监管办事处主任学习贯彻习近平总书记系列讲话精神培训班”；深化境外合作，面向香港地区大型商业银行高级管理层，举办“第二届香港银行家内地经济金融高层研讨班”。

2013年，共举办局处级培训班9期、香港银行家培训班1个，培训1,200余人次，基本将全系统局级干部和机关处级干部轮训一遍。参训学员普遍表示，通过轮训，进一步领会了党的十八大提出的重大理论观点、重大方针政策、重大工作部署，增强了中国特色社会主义的道路自信、理论自信、制度自信；加强了对银行业监管重大战略问题的研究，实现了加强党性修养和提高履职能力的有机结合，理论学习与解决实际问题的有机结合，进一步夯实了理论基础，增强了党性修养，提高了战略思维，拓展了世界眼光。

4. 员工培训

2013年，银监会以“服务监管中心工作，服务一线、服务基层”为指导思想，以法人机构监管人员为主要对象设计培训项目。举办5期“现场检查业务培训班”，内容包括信贷资产质量、同业和理财业务、信用卡业务、房地产信贷业务及票据业务等；每月举办“青年员工监管知识大讲堂”；与厦门大学联合举办9期“执行新会计准则减值准备制度培训班”；面向城市商业银行举办3期“内部控制专题研讨培训班”等。全年共举办各类专题培训班36个，累计培训132天，培训3,575人。

5. 人力资源

截至2013年底，银监会系统员工总数23,878人。其中，银监会机关员工626人，银监局员工5,818人，银监分局员工13,561人，监管办事处员工3,873人，分别占系统员工总数的2.62%、24.37%、56.79%、16.22%；女员工8,141人，占比34.09%；本科及以上学历19,032人，占比79.71%；45岁以下人员12,840人，占比53.77%。

6. 文化建设

2013年，银监会围绕监管中心，大力开展监管文化建设工作。在广泛征求主要银行业金融机构和外部专家意见的基础上，系统总结我国银行业文化建设的典型做法、显著成效和主要经验，并形成《新时期我国银行文化建设研究报告》；开展主题宣传和教育活动，生动反映全系统干部职工的工作生活风貌和积极向上的精神面貌；开展先进典型选树工作，组织开展“银监系统文明单位”、“监管标兵”评选，积极营造学先进、转作风、比工作、创佳绩的工作氛围；充分利用微信平台及《监管职工之友》刊物等媒介，以创建“模范职工之家”为契机，开展劳动竞赛、创先争优及丰富多彩的文化体育活动，积极引导和凝聚广大职工的向心力与活力。

银监会员工踊跃参与各类比赛

7. 电子政务建设

2013 年银监会积极探索电子政务工作的新思路和新方法，着重提升电子政务服务领导决策、服务监管中心工作的能力。积极推广综合办公平台，有效提高工作效率，节约办公成本，规范办理流程，促进形成“协同办公、信息共享”的办公文化；积极创新网站管理方法，拓展网站服务方式，通过制度导向、技术支撑，创新工作机制，形成资源共享、上下联动、协同共建的网站管理体系，银监会官方网站获得“2013 年政府网站创新管理奖”、“2013 年度中国政务网站优秀奖”，其中“金融许可证查询”栏目被评为“2013 年度中央国家机关网站特色栏目”。

8. 财务管理

2013 年，银监会坚决贯彻中央关于勤俭节约的要求，厉行节约、科学理财、统筹兼顾、规范管理，最大限度地发挥资金使用效益，保障了银行监管工作的顺利开展。财务资源向监管重点工作倾斜和聚焦，直接保障监管中心工作，现场检查、处置非法集资和监管信息系统建设等项目支出占全年项目支出预算的 45%，不断提升银行监管的有效性。通过保障各级机构监管业务用车、办公设备购置及办公用房租赁修缮等项目的资金需求，进一步改善了各级机构的监管基础设施。结合群众路线教育实践活动，加大对监管队伍建设的资源投入，党员干部轮训和职工业务培训工作成效显著，干部职工的政治素质和业务水平得到明显提高。

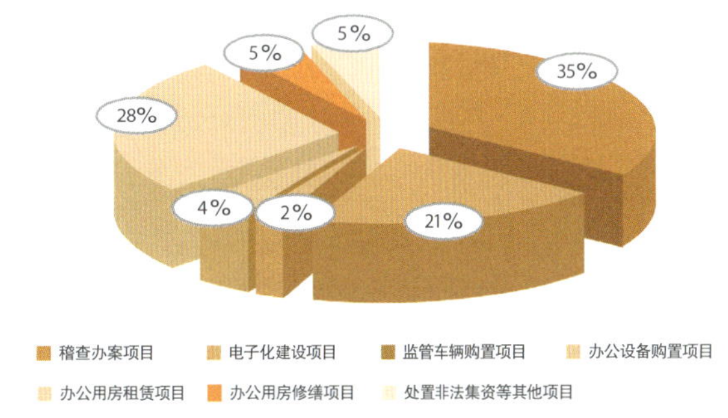

图 10　2013 年银监会各项目支出预算占全年项目支出预算的比例情况

专栏30 约法三章与工作人员守则

1. 约法三章

银监会工作人员在履行法定职责、实施监管过程中，必须做到：

一、不得超越职权干预被监管单位授信（含贷款、担保、承兑、贴现等）、资产处置、项目投资等业务活动。

二、不得违反规定插手被监管单位人事安排、建设工程、物资采购招投标等事项。

三、不得接受被监管单位公款支付的宴请、高消费娱乐（健身）活动、旅游度假、现金、有价证券、支付凭证和其他贵重礼品等。

在严格遵守上述"约法三章"的同时，银监会工作人员在内部公务活动中还要做到：不准搞"公关"、不准请客送礼、不准违反规定迎送。

2. 工作人员守则

第一条 坚定中国特色社会主义理想信念，增强道路自信、理论自信和制度自信，践行社会主义核心价值观，坚持为民监管，维护国家荣誉、利益和金融安全。

第二条 遵守宪法和法律、行政法规，执行国家关于银行业监管的方针政策和银监会规章制度，依法履行职责。

第三条 认真学习党和国家经济金融政策、现代经济金融及其他相关知识，努力掌握银行业监管方法和技能，刻苦钻研业务，提高专业素养。

第四条 践行银监会监管理念，创新监管方式方法，提高监管有效性，共同建设银行业监管文化。

第五条 热爱银行业监管事业，全心全意为人民服务，通过实施有效监管，保护存款人和其他客户权益。

第六条 接受社会公众和监管对象监督，努力改进工作，注重监管服务，维护银监会良好形象。

第七条 遵守国家保密法律法规和银监会保密纪律，保守国家秘密、工作秘密和监管对象的商业秘密。

第八条 遵守国家工作人员廉政纪律和银监会"约法三章"、"现场检查纪律"等会规会纪，清正廉洁；遵守银监会工作纪律，维护工作秩序。

第九条 遵守社会公德，弘扬家庭美德，恪守职业道德，培育个人品德和情操；文明办事，礼貌待人；倡俭抑奢，珍惜和有效使用监管资源。

第十条 顾全大局，包容进取，服从组织，团结协作，共同营造和谐向上的工作氛围。

银监会系统职工摄影作品

银监会系统职工摄影作品

透明度建设与加强市场约束

- 政务公开
- 银行业透明度建设
- 市场约束

（一）政务公开

1. 推进政务公开渠道和平台建设

2013年，银监会继续加强官方网站建设和管理，为各派出机构建立政府信息公开专栏，督促机关各部门和各级派出机构及时、准确发布各类政务信息，提高信息发布频率和数量，发挥官方网站在政务公开、信息发布、服务公众、宣传教育方面的主渠道作用，并及时向政府信息查阅场所提供政府信息。

杨家才主席助理出席国务院新闻办公室新闻发布会

2. 全面开展政务公开工作

（1）履行对外公开职责。2013年，银监会共向被监管对象公开银行业监管规章和规范性文件2,055项次，公开银行业监管法规和相关政策1,080项次，公开银行业监管行政审批程序、监管程序和处罚程序1,349项次，公开银行业监管行政审批和处罚结果15,733项，公开统计数据和监管信息6,104次，公开银监会系统自律性规定853个。2013年，银监会官方网站共发布信息16,737条，点击量3,930余万次。其中通过政府信息公开系统集中发布正式文件551件。

（2）主动披露信息。一是及时发布监管统计数据信息。通过银监会官方网站按期发布银行业监管统计数据，促进信息透明度建设。二是通过新闻媒体主动公开监管政策和活动等信息。2013年，银监会共受理记者来函来电采访请求1,400余人次，就社会普遍关注的银行业热点问题组织记者调研采访15次，召开新闻通气会、发布会7次，在官方网站刊发新闻94条；通过《人民日报》、新华社、中央电视台、《经济日报》等中央主要媒体刊播金融服务"三农"和小微企业、支持经济结构调整和转型升级、支持上海自贸试验区建设、化解产能过剩和绿色信贷、保护银行业消费者权益等方面的政策信息。三是在重要法律、法规及规范性文件出台的同时配发新闻稿和答记者问，做好政策解读。

（3）做好依申请公开工作。2013 年，银监会共受理 19 人提出的有效政府信息公开申请 66 件，已全部予以答复。

（二）银行业透明度建设

2013 年，银监会督促银行业金融机构不断完善信息披露管理工作机制，提高信息披露水平。一是要求商业银行在确保依法合规做好强制性信息披露的基础上，主动披露经营业绩、公司治理建设等投资者普遍关心的信息；二是按照《商业银行公司治理指引》规定，要求商业银行建立规范的信息披露管理制度；三是开展阳光信贷工程，全面推行信贷产品、条件、流程公示制度，并加大内外部监督力度，严肃查处违规行为。

同时，银监会努力提高银行业信息可获得性，方便社会公众查询使用。2013 年，银监会按季度在官方网站发布 4 期《中国银行业运行报告》，并编辑出版《中国商业银行统计年鉴》。

（三）市场约束

2013 年，银监会注重听取社会各界意见建议，有针对性地提高监管工作的有效性。一是主动从媒体报道和网络舆情中了解当前公众诉求，根据公众反映的问题和线索，调整监管政策、开展风险排查。如针对媒体反映银行房贷业务收紧的情况，印发通知要求银行恪守诚信经营原则，及时依序安排放款，严格规范经营行为，全力做好客户沟通工作。二是积极通过中国银行业协会等行业自律组织，规范各成员单位市场行为，进一步回应社会关切，改善金融服务。如针对公众普遍关注的理财业务和特殊人群服务，2013 年中国银行业协会先后印发《关于加强银行理财产品销售自律工作的十条约定》和《关于进一步改进无障碍银行服务的自律约定》。

专栏 31 中国融资担保业协会成立

2013 年 9 月 17 日，中国融资担保业协会在北京正式成立。融资担保业协会的成立是落实国务院办公厅《关于进一步明确融资性担保业务监管职责的通知》（国办发〔2009〕7 号）和银监会等七部委印发的《融资性担保公司管理暂行办法》（2010 年第 3 号令）有关要求的重要举措，对规范我国融资性担保行业发展具有标志性意义。

中国融资担保业协会的诞生，有助于进一步提升行业整体能力素质：一方面，融资担保业协会将加强行业自律，变被动接受监管为自觉规范行为，变无序竞争为有序合作，推动行业规范健康发展；另一方面，融资担保业协会将充分利用行业优势资源，积极做好服务协调工作，推动整个行业实现发展方式转变。

08

社会责任

- 推动机制建设和监管指导
- 做好假日金融服务
- 支持抗灾救灾和灾区重建
- 支持公益事业和贫困地区发展
- 加强劳动保障，关爱员工成长

（一）推进机制建设和监管指导

2013年，银监会从主动担责、增加透明度、公平正义、尊重利益相关方利益、尊重法治与国际行为规范、尊重人权的角度出发，积极引导和推动银行业金融机构建立健全企业社会责任组织管理机制，在劳动与就业、环境保护、公平运营、保护消费者、社区参与和发展、尊重人权等社会责任方面发挥作用。组织召开商业银行社会责任及信息披露研讨会，了解分析银行业社会责任工作情况。就国家标准化委员会起草的《社会责任指南》向银行业金融机构征求意见。鼓励银行业金融机构编制《企业社会责任报告》，自觉接受社会监督，促进责任银行发展。

专栏32 以行业自律推动建设"责任银行"

在银监会的指导下，中国银行业协会进一步强化"责任银行，和谐发展"的社会责任理念，推动制度建设，发挥自身功能，开展一系列工作：一是进一步完善《2012年中国银行业社会责任工作指标体系》，引领行业积极构建社会责任指标体系，加强社会责任精细化管理，完善社会责任绩效评估机制。二是发布《2012年度中国银行业社会责任报告》，展示银行业金融机构在社会责任管理、支持经济发展、推进金融普惠、公平善待消费者、践行绿色低碳金融、热心支持社会公益、致力员工成长等方面取得的成果。三是印发《中国银行业公益慈善自律约定》，从金融服务、抗灾重建、定点扶贫、助力教育、支持文化体育事业、支持环境保护事业、开展志愿者活动、公益慈善产品创新、设立专项基金、公益慈善信息披露等方面对银行业金融机构开展公益慈善活动进行规范，引领全行业创建制度完善的参与社会公益事业标准。

（二）做好假日金融服务

节假日是广大银行业消费者对银行柜面服务、银行卡、电子银行等金融服务需求的旺盛时期。银监会印发《关于做好2013年中秋、国庆节假日金融服务工作的通知》，要求各银行业金融机构，高度重视节假日金融服务工作，担当公共社会责任，确保做到服务不松懈、责任不放松，保证满足假日金融服务需求和银行业安全稳健运行。

（三）支持抗灾救灾和灾区重建

2013年，银监会引导银行业金融机构支持四川雅安地震、抚顺特大洪水、东南沿海"菲特"强台风等自然灾害的抗灾救灾和灾后恢复重建工作。

4月20日，四川雅安7.0级强烈地震发生后，银监会迅速印发《关于做好四川雅安抗震救灾金融服务工作的紧急通知》，要求银行业金融机构：一是加强组织领导，把干部群众生命安全放在第一位。立即启动应急预案，及时慰问援助灾区职工，立即投入抗灾救灾和生产自救。服从当地政府统一安排，妥善安置灾区工作人员和库款、机具、客户档案，防止造成新的人员伤亡和财产损失。二是及早恢复网点营业，改善灾区金融服务。在保证人员和财产安全的前提下，通过设立流动网点、搭建帐篷、手工记账等方式设立临时服务网点，恢复日常金融服务，确保满足灾区群众存取款需求，保障灾区资金汇划及时到账。三是调动有效资源，支持雅安抗震救灾。根据灾区需要，及时安排信贷资金支持抗震救灾，及时安排财务费用维修改造营业网点，及时安排现金调配供应，及时制定抗灾金融服务优惠措施，确保灾区资金供应，支持雅安地区尽快恢复正常生产生活秩序。四是做好应急值守，确保上下联络畅通。要求四川银监局和银行业金融机构做好值班工作，保证政务联络畅通，及时报告人员伤亡等重大情况。5 月 9 日，灾区银行网点全部恢复营业。

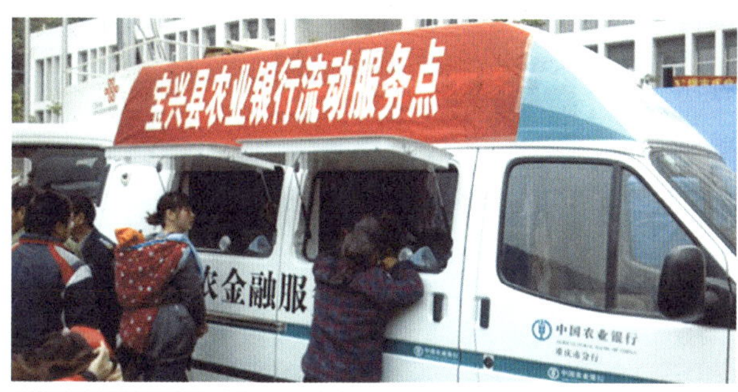

中国农业银行宝兴支行流动服务车向雅安受灾群众提供金融服务

中国信托业协会倡议全体会员单位及从业人员联合行动，发起“芦山赈灾公益信托”捐款

辽宁银监局组织辖内银行业金融机构全力支持抚顺特大洪水灾区重建

浙江银监局指导辖内银行业金融机构服务灾后重建

针对罕见高温干旱天气，浙江银监局组织辖内银行业金融机构共排摸农企、农户近 14 万户，新发放惠农让利贷款 61 亿余元，共对 10,079 户农业主体降低贷款利率，113 户减免贷款利息，节约利息成本合计 4,091.16 万元。在台风“菲特”过后的两周内，安排专项救灾信贷资金 105.8 亿元，提供转贷和展期资金 20.9 亿元，为 625 户受灾贷款户减免利息 8,673 万元。

（四）支持公益事业和贫困地区发展

2013 年，银监会继续引导银行业金融机构支持公益事业发展，结合自身特点，在教育、文化、扶贫赈灾等领域开展多种形式的公益活动。参与制定《关于促进慈善事业健康发展的意见》、《社会救助暂行办法》等，引导银行业金融机构在慈善组织资产管理、资金监管、社会救助等领域发挥作用，

银监会及其派出机构通过志愿者服务、捐资助学、慰问贫困家庭和孤寡老人、向遭受自然灾害地区捐款等方式，支持公益事业和贫困地区发展，2013 年为扶贫、助学、救灾等公益事业和贫困地区发展捐款 809.69 万元。

银行业金融机构积极投身公益慈善事业

中国农业银行积极支持包括传承人技艺保护、手工艺作坊修建、传统文化公益传播等在内的非物质文化遗产传承与保护公益项目。图为支持贵州苗寨手工艺人推广苗绣。

2013 年，汇丰银行（中国）在中国捐助项目 25 个，金额 4,400 万元，比上年增长 23%，35 万人直接受益。该行员工共为社区贡献 11,777 小时服务。2013 年，汇丰银行（中国）再次荣获民政部颁发的"中华慈善奖—最具爱心企业"，成为唯一一家连续 8 次获得该奖的外资公司。

花旗银行（中国）围绕小额信贷、小微企业发展、青少年教育和技能培养、金融技能和资产积累四大重点支持方向。2013 年，在 18 个城市开展公益活动，提供资金、技术、国际经验支持，其代表项目有"神探贝妮"儿童理财教育项目、花旗银行（中国）贵州分行手工业发展项目等。

（五）加强劳动保障，关爱员工成长

银监会积极推动劳动保障制度建设，参与《中华人民共和国劳动合同法》的修订及《劳务派遣暂行规定》的制定工作，规范银行业金融机构的用工行为，强调劳务派遣用工同工同酬等权利。参与制定《职业教育法》、《残疾人教育条例》、《特殊工时管理规定》、《社会保险费申报缴纳管理规定》等，为劳动者职业发展提供全面的制度保障。

同时，积极引导银行业金融机构秉承"以人为本"的理念，切实维护员工合法权益，不断推进员工民主管理，重视工会组织建设，积极构建多渠道职业发展通道，完善多维度绩效考核机制。在促进员工职业发展的同时，强化员工道德建设，致力于员工与企业共同成长。

银监会系统职工摄影作品

银监会系统职工摄影作品

展望

- 经济金融形势
- 银行业监管重点
- 监管中长期规划与展望

（一）经济金融形势

展望2014年，从国际看，世界经济仍将延续缓慢复苏态势。美国经济增长有所加快，货币政策步入正常化轨道，但退出量化宽松的节奏和力度的不确定性将对经济复苏产生影响。欧洲进入弱复苏状态，有望摆脱衰退但过程曲折缓慢，高失业率和高债务问题仍会拖累经济增长，核心国家与外围国家经济分化问题短期内难以改变。日本出现短期复苏，但短期经济刺激政策已遇到瓶颈，效果正在递减，劳动力结构性短缺凸显，加税计划可能加剧经济下行风险。新兴市场国家增长较快但潜藏滞胀风险，面临“经济周期下行区间”和“结构性改革”双重压力。世界大国在产业和科技、制度和领导力等领域的角力仍在加剧。随着发达经济体与新兴经济体相对增长优势的变化，世界经济缓慢复苏的格局将更加复杂。

从国内看，我国经济将会继续呈现稳中有升、稳中向好的发展态势。但增长速度换挡期、结构调整阵痛期、前期刺激政策消化期“三期叠加”，对不同地区、不同行业、不同领域的影响显著不同。这种经济的差异性复苏和行业的差别性变化将对我国银行业的发展战略和业务转型带来很大影响。同时，金融领域还面临利率市场化改革、汇率形成机制改革、建立存款保险制度和完善市场化退出机制“四改并举”，金融风险的复杂性和隐蔽性不断增强，银行业金融机构所处的经营环境将更趋复杂、更具挑战。

（二）银行业监管重点

2014年，银监会将坚持稳中求进，着力深化改革开放，着力改进金融服务，着力防范金融风险，切实提高银行业运行效率和服务实体经济能力，不断优化银行业体制机制，推动银行业转型发展。

1. 深入推进银行业改革开放

扩大金融业对内对外开放，完善现代银行业治理体系、市场体系和监管体系，推进治理能力现代化，为银行业长期可持续发展提供不竭动力。

一是深化银行业治理体系改革。重点完善公司治理、业务治理、风险治理和行业治理四大体系建设。针对公司治理体系改革，重点是完善“三会一层”的治理结构和制衡有效、激励兼容的运行机制；积极改进绩效考评办法，引导树立正确的政绩观和发展观。针对业务治理体系改革，重点是在巩固前中后台分设的基础上，适应银行集团化发展要求，根据不同的业务特点，分别实行子公司制、条线事业部制、专营部门制和分支机构制改革。针对风险治理体系改革，重点是推进表内外、境内外、本外币和母子公司的集团并表全面风险管理。针对行业治理体系改革，重点是强化行业协会服务和救助功能，稳步推进产品信息登记系统。探索设立信托稳定基金和中小商业银行流动性互助基金，增强行业自律和自我救助能力。

二是推动业务产品创新。按照“栅栏”原则，以满足客户需求为目标，以避险和增利为动力，分业推进产品创新，不断开发新的业务增长点。按照“普惠”原则，扩大金融服务的覆盖面、公平性和可获得性。深化农村金融体制机制改革，利用技术手段和便捷方式解决好银行基础服务、特殊群体服务和普通消费者合法权益保护等方面的问题。按照“驱动”原则，探索管理制度创新，释放改革红利。重点围绕农村“三权”抵押贷款、信贷资产证券化、理财资金投资固定收益型产品、开发主动负债和资本补充工具等，加大创新力度，拓展市场发展空间。

三是扩大银行业对内对外开放。重点吸引更多外资参股中资银行，探索逐步放宽外资银行的进入门槛、经营人民币的资格条件以及分行营运的资金要求，提高外资银行展业的便利性。同时，进一步支持上海自贸试验区和金融改革试验区的银行业改革。拓宽民间资本进入银行业的渠道和方式，引导民间资本参与现有银行业金融机构的重组改制，试办由纯民资发起设立自担风险的银行业金融机构。

四是推动政策性银行改革。在明确职能定位的前提下，实行政策性业务、市场化运作、标准化监管。政策性业务是指按照职能定位划定一块符合国家战略、粮食安全和社会民生的专业金融业务；市场化运作是指这些政策性业务要按照市场化、商业化原则，核算成本收益，通过事前明确损失承担机制或补贴机制的方式给予支持，其他经营风险由银行自担；标准化监管是指要参照商业银行的标准，加强审慎监管和行为监管，逐步建立既符合银行运行一般规律，又体现政策性银行特点的监管标准，推进政策性银行稳健发展。

五是大力推动监管改革。优化市场准入，简政放权，还权于市场，让权于社会，放权于基层。推进分类管理，抓紧研究银行业的分类管理办法，实行有限牌照制度，推动银行业差异化定位，特色化发展。完善监管规则，按业务类别建立统一的经营规则和监管标准，使不同机构在经营同一业务时，接受相同的规则约束。改进监管方式，完善监管评级标准，提高数据质量，精准定位风险，加强系统性风险监测，提高非现场监管的水平。提高专项检查比重，组建专业检查队伍，加强处罚问责，提高现场检查的有效性。

2. 严守风险底线

守住不发生系统性、区域性风险底线，维护银行业的稳健运行，必须预设防线，分类施策，锁定存量风险，管住增量风险，做到降旧控新，逐步化解。

一是缓释平台贷款风险。坚持“总量控制、分类管理、区别对待、逐步化解”，坚持短期应对措施和长效机制相结合，审慎稳妥地缓释平台贷款风险。重点抓好全口径管理，对非信贷融资进行并表监控；抓好风险评级预警体系建设，逐笔落实还款来源，制定风险处置预案；抓好存量风险处置工作，探索运用市场化手段削减存量平台贷款，确保风险真实化解。

二是严控房地产贷款风险。高度关注重点区域、重点企业，深入分析不同区域房地产风险的具体情况，及早制定风险防控预案，缓释风险。继续强化“名单制”管理，防范个别企业资金链断裂可能产生的风险传染。

三是防化产能过剩风险。一要摸清底数。严格排查，建立台账，动态跟踪，将风险精准锁定到具体地区、具体企业和具体数额，确保心中有数，及早做好化解预案。二要推动盘活。通过产能整合重组、技术改造，促进生产资源有效利用，盘活沉淀在过剩产能上的信贷资产，减少风险总量。三要协调处置。探索市场化处置方式，加大核销力度，避免不良资产累积和放大风险。

四是做好 4 种风险的盯防，即不规范的理财产品、不审慎的信托业务、融资性担保和小额贷款。对于理财业务，重点是建立单独的机构组织体系和业务管理体系，与银行资金严格分开，不购买本行贷款，不开展资金池业务，切实做好资金来源与运用一一对应。对于信托业务，重点是回归信托主业，运用净资本管理约束信托公司信贷类业务，不开展非标资金池业务，及时披露产品信息。对于融资性担保公司，重点是明确界定担保责任余额与净资产比例上限，防止违规放大杠杆倍数，建立风险“防火墙”。对于小额贷款公司，重点是会同有关部门制定全国统一的监管制度和经营管理规则，由省级人民政府负责具体实施监督管理。

五是紧盯流动性风险。贯彻落实《商业银行流动性风险管理办法（试行）》，持续完善流动性风险管理工具和方法，提高流动性风险管控能力。加强流动性风险监测分析和预警提示，跟踪分析国际金融市场新情况，加强对汇率走势、热钱流动等因素的监测研判，制定应对预案，防止负面效应蔓延。

六是谨防信息科技风险。当前银行业运行高度依赖信息科技，而银行业一些关键技术与核心系统受制于人。要从维护信息安全和国家安全的高度，防范信息科技风险。从长远看，要建设自主、安全、可控的信息科技系统，从短期看，要完善制度、加强管理。重点防控电子银行、网络攻击、业务外包等领域的风险，提升银行科技风险治理能力、关键技术和防护水平。

七是盯防市场风险和操作风险。继续加强市场风险防控措施和工具建设。强化合规经营，保持案防高压态势，组织案件风险排查，严格实施信贷违规问责和案件问责。发挥处置非法集资部际联席会议牵头单位作用，完善体制机制，注重关口前移，开展宣传教育活动，推动监测预警机制建设，做好综治考评、督导协调工作。

3. 提高银行业支持实体经济效能

服务实体经济是银行业的本质要求。通过盘活信贷存量、用好资金增量，改善服务质量，最大限度地提高贷款使用效率，降低社会融资成本，促进实体经济与虚拟经济协调发展和良性循环，更好地支持经济结构调整和转型升级。

一是服务产业结构调整。按照绿色信贷原则，将增量贷款、盘活的存量贷款优先用于符合国家产业政策和结构调整升级的行业和项目。重点支持战略性新兴产业、先进制造业、现代信息技术产业和清洁能源等；择优支持铁路、联网高速公路、城市基础设施等重点项目建设及企业“走出去”发展；大力支持国家实施新丝绸之路、海上丝绸之路经济带、区域发展战略，加快主体功能区建设；制定差异化信贷政策，科学设定信贷准入标准，促进过剩产能的有序化解和产业升级。

二是服务“三农”发展。强化对粮食生产发展的信贷投入，支持城乡一体化、新型城镇化和农田水利建设，支持新型农业生产经营主体发展。开展金融支持农业规模化生产和集约化经营试点。加快微贷技术在农村地区的推广应用，探索发展农业产业链融资，加强银保合作和抵押担保创新。

三是服务小微企业。全面落实《国务院办公厅关于金融支持小微企业发展的实施意见》精神，继续深化机制建设，创新金融产品，加大信贷倾斜。

四是服务人民生活。综合运用金融功能支持人民生活改善和消费升级，以消费扩内需、促生产、强服务，发挥消费的基础作用。重点支持居民购买首套自住房和保障性安居工程建设；积极满足宽带入户、家电下乡和农产品进城的金融需求；通过扩大农村“三权”抵押贷款试点，支持农民改善生产生活；通过科学设立社区支行，为城乡居民提供专业、便捷、贴心的金融服务；通过发展汽车金融公司、扩大消费金融公司试点，创新消费金融产品，提升全民消费水平。

五是服务金融消费者和投资者。规范开发风险可控、投资者乐于接受的贵金属、债权收益和理财、信托等产品，充分揭示产品风险，准确划分投资人群，坚持把合适的产品卖给适合的对象，在强调买者自负的前提下，切实承担售卖责任。同时，加强公众教育，强化社会责任，切实保护金融消费者的合法权益。

（三）监管中长期规划与展望

未来银行业经营的内外部环境依然复杂多变，银监会将继续以"十二五"期间银行业改革和监管发展方向为指导，加强银行业改革顶层设计，深入推进银行业改革发展，努力防范和化解银行业风险，切实提高金融服务实体经济的水平，进一步完善金融市场体系，并不断加强监管能力建设。

1. 加强银行业改革顶层设计

银监会已成立银行业改革领导小组，负责与银监会职责相关的银行业改革的总体设计、统筹协调、整体推进、督促落实。一是根据党的十八届三中全会关于完善金融市场体系的改革部署，按照使市场在资源配置中起决定性作用的要求，加强银行业改革顶层设计，深化银行业监管改革，提高监管有效性，推进银行业深化体制机制改革和转型发展，提高银行业竞争能力。二是制定银行业改革工作规则，完善相关工作机制，加强组织协调。三是制定改革规划，明确改革方案，制定详细的任务分工和时间进度表，周密部署，抓好落实，稳步推进各项改革举措。

2. 推进银行业进一步改革开放

一是促进银行业差异化发展，鼓励民间资本投资入股和参与金融机构重组改造，探索试办民营银行，研究推进组建新型政策性金融机构，推动社区金融服务体系建设，推进非银行金融机构专业化规范发展，优化现代银行业组织体系。二是完善银行业公司治理机制，探索建立专营机构，强化风险内控，加快信息系统建设，推动银行风险管理能力的全面提升。三是适应利率市场化改革趋势，引导和促进银行业金融机构根据市场利率科学定价，提高银行业经营水平。四是规范银行业经营行为，关注金融消费者诉求，有效维护消费者权益。同时，加强金融知识宣传，切实提高消费者的金融意识和自我保护能力。五是进一步扩大银行业对外开放，稳妥推进银行业海外发展布局，支持上海自贸试验区银行业改革创新。

3. 防范和化解银行业风险

一是强化重点风险管控，严守风险底线，确保不发生系统性、区域性金融风险。二是以实施资本和流动性风险新监管标准为契机，推动银行业建立全面风险管理体系，增强管理和抵御风险的能力。三是密切关注互联网金融等行业新趋势，规范银行创新业务发展，有效防范相关风险。

4. 提高金融服务实体经济的水平

一是以盘活存量、优化增量、提高社会资金使用效率为重点，推动银行业进一步优化信贷结构，加大对战略性新兴产业、绿色信贷、“三农”、小微企业等重点领域和薄弱环节的支持力度。二是鼓励和引导银行业按照“消化一批、转移一批、整合一批、淘汰一批”的路径，进一步完善差别化信贷政策，推动调整过剩的产能，支持产业结构升级。三是推动银行业创新消费金融产品，推进普惠金融发展，进一步拓宽金融服务的广度、深度和便利性。

5. 完善分工合作、协调发展的金融市场体系

加强与相关部门的沟通协调，推动完善公共金融基础设施，提高直接融资比重，逐步形成直接融资与间接融资功能互补、结构合理、协调发展的金融市场体系，有效分散金融风险，切实降低实体经济的融资成本。推进信贷资产证券化常态化发展，盘活信贷存量，进一步发挥其推动经济结构调整的积极作用。积极促进债券市场发展，推进发行小微企业金融债，探索发行“三农”金融债，创新资产负债管理方式，继续支持经济转型升级。

6. 加强监管能力建设

一是完善微观审慎与宏观审慎有机结合的审慎监管政策体系。加强审慎监管政策的系统性规划，按照强化风险监管、法人监管的理念，以风险监管政策为主线，以具体业务规则为补充，进一步完善结构清晰、内容全面的监管政策体系。密切跟踪银行业发展创新，持续监测新出现的风险点，及时充实监管政策要求。二是进一步改进监管方法和技术。按照简政放权精神，在有效防范金融风险和保护消费者权益的基础上，进一步完善市场准入制度，优化审批流程，充分发挥市场在资源配置中的决定性作用。继续加强对银行公司治理、资本和流动性风险管理的现场检查，强化处罚力度，增强威慑力。提高数据质量，加强风险预警体系建设，进一步做实风险评估，改进监管评级体系，加强监管联动，提高监管效能。三是完善银行业信息披露制度，扩大信息披露的深度和广度，进一步提高监管的透明度，增强市场约束。四是进一步加强与外部监管政策的协调，统一把握监管标准和尺度，防止监管套利，防范风险传染和转移。

银监会系统职工摄影作品

银监会系统职工摄影作品

10

附录

附录 1：内设部门及主要职责
附录 2：财务管理体系和财务制度
附录 3：部门规章及规范性文件目录（2013 年）
附录 4：双边监管合作谅解备忘录和监管合作协议一览表
附录 5：监管大事记（2013 年）
附录 6：主要名词术语解释

附录1 内设部门及主要职责

（一）会机关

1. 办公厅（党委办公室）

组织协调银监会机关日常工作；承担有关文件的起草、重要会议的组织、机要、文秘、文档、信访、保密、信息综合、新闻发布、网络舆情管理、保卫等工作。

2. 法规部

拟定有关银行业金融机构监管的规章制度和办法；起草有关法律和行政法规草案，提出制定或修改的建议；承担行政复议和行政应诉工作；监督、协调有关法律法规的执行；开展银行业法律咨询服务，组织法制教育和宣传；负责重要会议文件和文稿的起草；编发有关信息和简报。

3. 政策研究局

调查研究我国银行业改革开放与发展中的重大问题；研究国际银行监管制度、理论和实践，参与国际银行业监管政策和规则制定工作，对我国银行监管体系建设提出政策建议；研究宏观和微观审慎监管理论与实践；跟踪研究国际国内宏观经济金融形势和政策走向，及重点行业的风险变化；对我国相关银行监管政策、制度和手段进行跟踪分析和后评价；编辑出版研究局内外部刊物和管理研究局网站。

4. 银行监管一部

承办对大型商业银行的监管工作。依法审核有关机构的设立、变更、终止及业务范围；拟定监管规章制度；负责对有关机构的现场和非现场监管工作；监测资产负债比例、资产质量、业务活动、财务收支等经营管理、内部控制和风险情况；对违法违规行为进行查处；审查高级管理人员任职资格；负责新资本协议实施整体推进工作。

5. 银行监管二部

承办对股份制商业银行、城市商业银行和城市信用社的监管工作。依法审核有关机构的设立、变更、终止及业务范围；拟定监管规章制度；负责对有关机构的现场和非现场监管工作；监测资产负债比例、资产质量、业务活动、财务收支等经营管理、内部控制和风险情况；对违法违规行为进行查处；审查高级管理人员任职资格。

6. 银行监管三部

承办对外资银行的监管工作。依法审核有关机构的设立、变更、终止及业务范围；拟定监管规章制度；负责对有关机构的现场和非现场监管工作；监测资产负债比例、资产质量、业务活动、财务收支等经营管理、内部控制和风险情况；对违法违规行为进行查处；审查高级管理人员任职资格。

7. 银行监管四部

承办对政策性银行及国家开发银行、邮政储蓄机构和金融资产管理公司的监管工作。依法审核有关机构的设立、变更、终止及业务范围；拟定监管规章制度；负责对有关机构的现场和非现场监管工作；监测资产负债比例、资产质量、业务活动、财务收支等经营管理、内部控制和风险情况；对违法违规行为进行处罚；审查高级管理人员任职资格。

8. 非银行金融机构监管部

承办对非银行金融机构（证券、期货和保险类除外）的监管工作。依法审核有关机构的设立、变更、终止及业务范围；拟定监管规章制度；负责对有关机构的现场和非现场监管工作；监测资产负债比例、资产质量、业务活动、财务收支等经营管理、内部控制和风险情况；对违法违规行为进行查处；审查高级管理人员任职资格。

9. 合作金融机构监管部

承办对农村存款类合作金融机构、新型农村金融机构的监管工作。规范管理，推动有关机构体制改革；拟定对有关机构资产负债比例管理、资产质量管理、风险管理、利率监管等制度，对其风险情况进行监控，督促其完善内部监督和制约机制；拟定有关机构设置条件、业务经营范围、法人代表任职资格等管理办法并组织实施；对违法违规行为进行查处。

10. 银行业信息科技监管部

制定信息科技监管制度、标准；开展银行业金融机构信息科技风险监管；指导银行业金融机构信息科技建设管理工作；负责银监会信息化建设归口管理和对外交流合作。

11. 业务创新监管协作部

协调银监会内部监管部门在法定职权范围内制定统一的业务创新审慎监管标准；制定业务创新监管的专业化操作规程，为会内监管部门提供专业化监管和协助；为会内监管部门对业务创新的持续监管提供技术指导和支持；依法配合有关部门制定创新业务规则；参与人民银行、证监会、保监会等部门研究分析银行业金融机构业务创新及监管情况，制定相应的风险监管策略；就银行业金融机构业务创新监管的相关情况与会外有关部门进行联系、协调。

12. 银行业消费者权益保护局

研究国内外金融领域消费者（投资者）保护情况，制定符合我国国情的银行业金融机构消费者权益保护总体战略，研究制定银行业金融机构消费者权益保护政策法规，协调推动建立并完善银行业金融机构消费者服务、教育和保护机制和银行业金融机构消费者投诉受理及相关处理的运行机制，组织开展银行业金融机构消费者权益保护实施情况的监督检查，依法纠正和处罚不当行为。

13. 融资性担保业务工作部

承担融资性担保业务监管部际联席会议日常工作，负责协调有关部门研究制定促进融资性担保业务发展的政策建议，拟定融资性担保业务监督管理制度，协调有关部门共同解决融资性担保业务监管中的重大问题，指导地方人民政府对融资性担保业务进行监管和风险处置。

14. 银行业案件稽查局（银行业安全保卫局）

负责拟定银行业金融机构违法违规案件调查的规则；组织、协调、指导银行业金融机构违法违规案件的调查；指导、督促派出机构稽查工作和银行业金融机构案件查防工作；指导、检查银行业金融机构的安全保卫工作。

15. 处置非法集资办公室（处置非法集资部际联席会议办公室）

参与制定、修订与处置非法集资相关的政策法规；负责非法集资的认定、查处和取缔及相关的组织协调工作；向有关部门移送非法集资案件；配合有关部门进行金融投资方面的宣传教育；负责有关处置非法集资方面的政策解释和业务指导；承担与国务院处置非法集资部际联席会议相关单位的联络工作等。

16. 统计部

负责制定和完善银行业监管统计管理办法与银监会系统统计工作发展规划，建设和完善银行业监管数据信息系统，汇总和编制银行业各类综合监管统计报表，跟踪分析宏观经济金融形势，对银行业的宏观性、系统性风险进行监测和预警，推进银行业统计数据信息的披露与共享。

17. 财务会计部

研究拟定银行业会计制度实施细则和管理规定，审核金融机构会计制度和业务核算办法，监督、指导、协调金融机构会计工作；管理银监会财务工作；管理银监会基本建设、政府采购、固定资产工作；研究协调被监管机构收费工作。

18. 国际部（港澳台事务办公室）

承办银监会与国际金融组织、有关国家和地区监管机构等金融组织的官方联系及业务往来的有关工作；负责银监会外事管理工作；负责银监会港澳台事务。

19. 监察局（纪委）

监督检查银监会系统贯彻执行国家法律、法规、政策的情况，依法依纪查处违反国家法律、法规和政纪的行为，受理监察对象的检举、控告和申诉；领导银监会系统的监察（纪检）工作。

20. 人事部（党委组织部）

拟定会机关和派出机构人力资源管理的规章、制度和办法；承办会机关和派出机构及有关单位的人事管理工作；根据规定，负责有关金融机构领导班子和领导干部的日常管理工作；负责指导银监会系统党的组织建设和党员教育管理工作；负责会机关及银监会系统干部教育培训工作。

21. 宣传工作部（党委宣传部）

负责银监会系统党的思想建设和宣传工作；负责思想政治工作和精神文明建设。

22. 机关党委

负责银监会机关及在京直属单位的党群工作。

23. 党校

负责银监会系统党校工作。

24. 系统工会

负责银监会系统工会工作。

25. 团委

负责银监会系统团员青年工作。

26. 信息中心

负责银监会信息化建设采购、集成、开发、外包、运行、维护和技术培训等项目管理工作，为银监会系统提供信息科技支持；负责银监会系统信息安全综合管理、技术落实，与国家有关部门、各国银行业监管机构进行信息化管理工作交流和信息交换等相关工作。

27. 培训中心

根据银监会的任务和职能要求，会同人事部拟定银监会系统干部培训的制度、中长期培训规划、年度培训计划，并负责组织实施。

28. 机关服务中心

负责银监会机关行政管理（含政府采购、节能减排工作）和后勤服务保障工作。

（二）派出机构

1. 省、自治区、直辖市银监局

根据银监会的授权，制定有关监管法规、制度方面的实施细则和规定；负责对有关银行业金融机构及其分支机构的设立、变更、终止和业务活动的监督管理；依法对金融违法、违规行为进行查处；审查和批准高级管理人员任职资格；统计有关数据和信息；负责局机关和系统党的建设、纪检和干部管理工作。

2. 计划单列市银监局

根据银监会的授权，制定有关监管法规、制度方面的实施细则和规定；负责对有关银行业金融机构及其分支机构的设立、变更、终止和业务活动的监督管理；依法对金融违法、违规行为进行查处；审查和批准高级管理人员任职资格；统计有关数据和信息；在上报银监会的同时抄报所在省银监局；负责局机关和系统党的建设、纪检和干部管理工作。

3. 银监分局

根据银监会和省、自治区、直辖市银监局的授权，负责对有关银行业金融机构及其分支机构的设立、变更、终止和业务活动的监督管理；依法对金融违法、违规行为进行查处；审查和批准高级管理人员任职资格，负责未设监管办事处的县市的城市信用社和农村信用社及联社的监管工作；统计有关数据和信息；负责分局机关和系统党的建设、纪检和干部管理工作。

监管办事处主要根据银监局或银监分局的授权，负责所在县市的银行业金融机构、城市信用社和农村信用社及联社的监管工作，收集所在县市有关金融风险的信息并向上级机构报告。

附录 2 财务管理体系和财务制度

按照财政部的有关规定，银监会实行监管收费、部门预算、“收支两条线”的财务管理体制，每年向被监管的金融机构收取的银行业机构监管费和业务监管费直接缴入国库，履行银行业监管职责所需要的经费由财政部通过部门预算核拨。

银监会自 2004 年起向被监管的各类商业银行、农村信用社、企业集团财务公司、信托公司、金融租赁公司、邮政储蓄银行和其他银行业金融机构收取银行业机构监管费和业务监管费。2013 年机构监管费按被监管机构上年底实收资本的 0.05%并考虑风险因素收取；业务监管费按被监管机构上年底资产总额（扣除实收资本）的一定比例分档累加并考虑风险因素计收。具体标准为：业务监管费 =（上年底资产总额 - 上年底实收资本）× 分档费率 × 风险调整系数 - 境外分支机构在所在国家缴纳的监管费。银行业监管费收入纳入财政预算，由被监管机构直接缴入国库。银监会作为执收机构负责征收和催缴工作，财政部驻各地财政监察专员办事处负责监缴。

银监会自 2004 年起实行中央部门预算，分为基本支出预算和项目支出预算。基本支出预算资金主要用于保证银监会各级机构正常运转和完成日常监管工作任务。项目支出预算资金主要用于完成办公用房租赁及修缮、办公设备及车辆购置、电子化建设和稽查办案等特定工作任务。实行部门预算以来，银监会严格执行财政部颁布的《中国银监会 中国证监会 中国保监会财务管理暂行办法》的规定，坚持“高效、节约地使用一切监管资源”的监管标准，按照统筹兼顾、保证重点、以人为本、勤俭办会的原则，合理配置和使用财务预算资金，为监管工作提供了强有力的财务保障。

附录 3 部门规章及规范性文件目录（2013 年）

2013 年印发的部门规章目录

2013 年，银监会以“中国银监会令”的形式，印发部门规章 3 件。

2013 年第 1 号	中国银监会中资商业银行行政许可事项实施办法，2013 年 10 月 15 日。
2013 年第 2 号	消费金融公司试点管理办法，2013 年 11 月 14 日。
2013 年第 3 号	银行业金融机构董事（理事）和高级管理人员任职资格管理办法，2013 年 11 月 18 日。

2013 年印发的部分规范性文件目录

银监发〔2013〕5 号	中国银监会关于印发银行业金融机构信息科技外包风险监管指引的通知，2013 年 2 月 16 日。
银监办发〔2013〕51 号	中国银监会办公厅关于做好 2013 年农村金融服务工作的通知，2013 年 2 月 16 日。
银监发〔2013〕6 号	中国银监会 国家知识产权局 国家工商行政管理总局 国家版权局关于商业银行知识产权质押贷款业务的指导意见，2013 年 2 月 21 日。
银监发〔2013〕7 号	中国银监会关于深化小微企业金融服务的意见，2013 年 3 月 22 日。
银监发〔2013〕8 号	中国银监会关于进一步规范商业银行理财业务投资运作有关问题的通知，2013 年 3 月 25 日。
银监办发〔2013〕81 号	中国银监会办公厅关于持续深入推进支农服务“三大工程”的通知，2013 年 3 月 25 日。
银监发〔2013〕9 号	中国银监会关于银行业服务实体经济的指导意见，2013 年 4 月 3 日。
银监办发〔2013〕116 号	中国银监会办公厅关于做好四川雅安抗震救灾金融服务工作的紧急通知，2013 年 4 月 20 日。
银监发〔2013〕32 号	中国银监会 国家林业局关于林权抵押贷款的实施意见，2013 年 7 月 5 日。
银监发〔2013〕33 号	中国银监会关于印发商业银行资本监管配套政策文件的通知，2013 年 7 月 19 日。

银监发〔2013〕34 号	中国银监会关于印发商业银行公司治理指引的通知，2013 年 7 月 19 日。
银监发〔2013〕35 号	中国银监会关于加强银行保理融资业务管理的通知，2013 年 7 月 31 日。
银监发〔2013〕37 号	中国银监会关于进一步做好小微企业金融服务工作的指导意见，2013 年 8 月 29 日。
银监发〔2013〕38 号	中国银监会关于印发银行业消费者权益保护工作指引的通知，2013 年 8 月 30 日。
银监办发〔2013〕232 号	中国银监会办公厅关于改进农民工金融服务工作的通知，2013 年 9 月 27 日。
银监发〔2013〕40 号	中国银监会关于中国（上海）自由贸易试验区银行业监管有关问题的通知，2013 年 9 月 28 日。
银监办发〔2013〕255 号	中国银监会办公厅关于印发银行业金融机构案件问责工作管理暂行办法的通知，2013 年 11 月 11 日。
银监办发〔2013〕257 号	中国银监会办公厅关于印发银行业金融机构案防工作办法的通知，2013 年 11 月 1 日。
银监办发〔2013〕258 号	中国银监会办公厅关于印发银行业金融机构案防工作评估办法的通知，2013 年 11 月 12 日。

附录4 双边监管合作谅解备忘录和监管合作协议一览表

	机构名称	机构外文名称	生效时间
1.	中国澳门金融管理局	Monetary Authority of Macao	2003年8月22日
2.	中国香港金融管理局	Hong Kong Monetary Authority	2003年8月25日
3.	英国金融服务局	Financial Services Authority	2003年12月10日
4.	韩国金融监督委员会	Financial Supervisory Commission	2004年2月3日
5.	新加坡金融管理局	Monetary Authority of Singapore	2004年5月14日
6-1.	美联储 美国货币监理署 美国联邦存款保险公司	Board of Governors of the Federal Reserve System (FED) Office of the Comptroller of the Currency (OCC) Federal Deposit Insurance Corporation (FDIC)	2004年6月17日
6-2.	美国加利福尼亚州金融厅	California Department of Financial Institutions	2007年11月6日
6-3	美国纽约州银行厅	New York State Banking Department	2009年5月7日
7.	加拿大金融机构监管署	Office of the Superintendent of Financial Institutions Canada	2004年8月13日
8.	吉尔吉斯共和国国家银行	National Bank of the Kyrgyz Republic	2004年9月21日
9.	巴基斯坦国家银行	State Bank of Pakistan	2004年10月15日
10.	德国联邦金融监理署	Federal Financial Supervisory Authority (BaFin)	2004年12月6日
11.	波兰共和国银行监督委员会	Commission for Banking Supervision of the Republic of Poland	2005年2月27日
12.	法兰西共和国银行委员会	Commission Bancaire	2005年3月24日
13.	澳大利亚审慎监管署	Australian Prudential Regulation Authority	2005年5月23日
14.	意大利中央银行	Banca d' Italia	2005年10月17日
15.	菲律宾中央银行	Bangko Sentral ng Pilipinas	2005年10月18日
16.	俄罗斯联邦中央银行	Central Bank of the Russian Federation	2005年11月3日

	机构名称	机构外文名称	生效时间
17.	匈牙利金融监管局	Hungarian Financial Supervisory Authority	2005 年 11 月 21 日
18.	西班牙中央银行	Banco de Espana	2006 年 4 月 10 日
19.	泽西岛金融服务委员会	Jersey Financial Services Commission	2006 年 4 月 27 日
20.	土耳其银行监理署	Banking Regulation and Supervision Agency of Turkey	2006 年 7 月 11 日
21.	泰国中央银行	Bank of Thailand	2006 年 9 月 18 日
22.	乌克兰中央银行	National Bank of Ukraine	2007 年 1 月 30 日
23.	白俄罗斯国家银行	National Bank of the Republic of Belarus	2007 年 4 月 23 日
24.	卡塔尔金融中心监管局	Qatar Financial Centre Regulatory Authority	2007 年 5 月 11 日
25.	冰岛金融监管局	Icelandic Financial Supervisory Authority	2007 年 6 月 11 日
26.	迪拜金融服务局	Dubai Financial Services Authority	2007 年 9 月 24 日
27.	瑞士联邦银行委员会	Swiss Federal Banking Commission	2007 年 9 月 29 日
28.	荷兰中央银行	De Nederlandsche Bank	2007 年 12 月 25 日
29.	卢森堡金融监管委员会	Commission de Surveillance du Secteur Financier Luxemburg	2008 年 2 月 1 日
30.	越南国家银行	State Bank of Vietnam	2008 年 5 月 5 日
31.	比利时金融监管委员会	Banking, Finance and Insurance Commission of Belgium	2008 年 9 月 25 日
32.	爱尔兰金融服务监管局	Irish Financial Services Regulatory Authority	2008 年 10 月 23 日
33.	尼日利亚中央银行	Central Bank of Nigeria	2009 年 2 月 6 日
34.	马来西亚中央银行	Bank Negara Malaysia	2009 年 11 月 11 日
35.	中国台湾方面金融监督管理机构	Taiwan Financial Regulatory Agency	2009 年 11 月 16 日
36.	捷克中央银行	The Czech National Bank	2010 年 1 月 5 日
37.	马耳他金融服务局	The Malta Financial Services Authority	2010 年 2 月 2 日

	机构名称	机构外文名称	生效时间
38.	印度尼西亚中央银行	Bank of Indonesia	2010 年 7 月 15 日
39.	南非储备银行	The Bank Supervision Department of The South African Reserve Bank	2010 年 11 月 17 日
40.	塔吉克斯坦国家银行	National Bank of Tajikistan	2010 年 11 月 25 日
41.	印度储备银行	Reserve Bank of India	2010 年 12 月 16 日
42.	古巴中央银行	Central Bank of Cuba	2011 年 6 月 5 日
43.	智利银行和金融机构监理署	The Superintendency of Banks and Financial Institutions of Chile	2011 年 6 月 9 日
44.	阿联酋中央银行	The Central Bank of the United Arab Emirates	2011 年 7 月 13 日
45.	塞浦路斯中央银行	The Central Bank of Cyprus	2011 年 7 月 15 日
46.	阿根廷中央银行金融交易机构监管署	The Central Bank of Argentina (The Superintendence of Financial and Exchange entities)	2011 年 10 月 5 日
47.	耿西金融服务委员会	Guernsey Financial Services Commission	2011 年 11 月 15 日
48.	巴西中央银行	Banco Central do Brasil	2012 年 6 月 21 日
49.	柬埔寨国家银行	National Bank of Cambodia	2013 年 4 月 8 日
50.	马恩岛金融监管委员会	The Financial Supervision Commission of the Isle of Man	2013 年 4 月 15 日
51.	赞比亚中央银行	Bank of Zambia	2013 年 4 月 25 日
52.	乌拉圭中央银行金融服务监管署	Superintendencia de Servicios Financieros del Banco Central del Uruguay	2013 年 5 月 27 日
53.	以色列银行	The Supervisor of Banks at the Bank of Israel	2013 年 5 月 27 日
54.	巴林中央银行	The Central Bank of Bahrain	2013 年 9 月 16 日
55.	哈萨克斯坦国家银行	The National Bank of Kazakhstan	2013 年 9 月 25 日

附录 5 监管大事记(2013 年)

1 月 14—15 日	银监会召开 2013 年全国银行业监管工作会议，部署 2013 年重点工作，要求防范和化解金融风险，引导银行业积极支持实体经济发展，深入推动银行业改革转型，加强监管政策的梳理、研究，完善微观审慎与宏观审慎有机结合的监管政策体系。
1 月 15 日	尚福林主席会见卢森堡财政大臣吕克·弗雷登(Luc Frieden)。
1 月 28 日	银监会派代表赴苏黎世出席金融稳定理事会全体会议。
1 月 28 日	银监会召开系统党风廉政建设暨纪检监察工作会议，要求强化监督检查，加强党风廉政教育和廉政风险排查防控工作。
1 月 31 日	第六次中加金融政策对话在北京举行。
1 月 31 日	银监会召开信息科技工作会议，要求加强规划统筹能力建设，加强指导协调能力建设、加强专业创新能力建设。
2 月 16 日	银监会印发《银行业金融机构信息科技外包风险监管指引》，进一步规范银行业金融机构信息科技外包行为，防范和降低科技外包风险。
2 月 16 日	银监会印发《关于做好 2013 年农村金融服务工作的通知》，推动银行业金融机构进一步改善农村金融服务、加大强农惠农富农金融支持力度。
2 月 21 日	尚福林主席会见英格兰银行行长兼货币政策委员会主席莫文·金(Mervyn King)。
3 月 1 日	银监会召开银行业案件防控工作会议，要求完善制度体系，狠抓大要案督查，加强系统建设，强化风险预警研判，抓好合规建设，做好安全防范工作。
3 月 13 日	银监会派代表赴巴塞尔出席巴塞尔银行监管委员会会议。

3 月 21 日　银监会印发《关于深化小微企业金融服务的意见》，就完善服务体系、明确监管导向、争取多方支持等内容提出 15 条具体意见。

3 月 25 日　银监会印发《关于进一步规范商业银行理财业务投资运作有关问题的通知》，防范和控制理财业务投资运作中的相关风险。

3 月 25 日　银监会印发《关于持续深入推进支农服务“三大工程”的通知》，要求农村中小金融机构主动适应“三农”金融服务的新形势，持续深入推进“金融服务进村入社区”、“阳光信贷”和“富民惠农金融创新”三大工程。

3 月 26 日　银监会召开 2013 年创新监管工作会议，要求加强对金融创新的鼓励引导和审慎监管。

4 月 1 日　第三次两岸银行业监管磋商会议在中华台北举行。

4 月 3 日　银监会印发《关于银行业服务实体经济的指导意见》，督导银行业支持扩大内需、促进产业结构调整、推进绿色信贷、推动城乡统筹发展、加强“三农”和小微企业金融服务、不断提高金融服务水平、严守风险底线。

4 月 8 日　银监会与柬埔寨国家银行签署《双边监管合作谅解备忘录》。

4 月 11 日　银监会与中国澳门金融管理局签署《跨境危机管理合作协议》。

4 月 15 日　银监会与马恩岛金融监管委员会签署《双边监管合作谅解备忘录》。

4 月 19 日　银监会召开 2013 年第一次经济金融形势通报会议，要求优化信贷结构，提高银行业服务实体经济的水平；加快改革转型，加强基层和社区金融服务；高度关注不良贷款问题，加强风险处置和前瞻性管理；严守风险底线，防范和化解潜在金融风险；积极稳妥推动新资本管理办法实施，强化商业银行风险管理内生机制。

4 月 20 日　银监会印发《中国银监会办公厅关于做好四川雅安抗震救灾金融服务工作的紧急通知》，要求银行业金融机构全力做好抗震救灾，改进灾区金融服务。

4 月 23 日　银监会部署地方融资平台、房地产、产能过剩行业和银行理财产品等重点领域的风险防控，破产制度，加强影子银行监管等 18 个金融领域第一批重点问题研究工作。

4 月 25 日　银监会与赞比亚中央银行签署《双边监管合作谅解备忘录》。

4 月 26 日　处置非法集资部际联席会议在国务院新闻办公室召开新闻发布会，介绍防范打击非法集资有关工作情况，并答记者问。

5 月 21—24 日　银监会举办国际信息科技监管组织 2013 年会，来自 16 个国家和地区的代表出席了会议。

5 月 27 日　银监会与乌拉圭中央银行金融服务监管署签署《双边监管合作谅解备忘录》。

5 月 27 日　银监会与以色列银行签署《双边监管合作谅解备忘录》。

5 月 28 日　尚福林主席会见新加坡金管局局长孟文能（Revi Menon）。

6 月 1—4 日　尚福林主席陪同国务院副总理马凯赴湖北、上海调研金融支持实体经济情况。

6 月 6 日　银监会与中国香港金管局第十七次双边磋商会议在北京举行。

6 月 17 日　尚福林主席出席 2013 年城市商业银行年会，强调城市商业银行要增强使命感和责任感，按照防范风险、提升服务、优化结构、深化改革的总体要求，扎实做好金融服务实体经济各项工作，特别是做好小微企业金融服务。

6 月 18—19 日　银监会派代表赴巴塞尔出席巴塞尔银行监管委员会会议。

6 月 27 日　受国务院委托，尚福林主席向十二届全国人大常委会做关于农村金融改革发展工作情况的报告。报告回顾了近年来我国农村金融改革发展工作情况及取得的成效，深入分析了面临的一些突出问题，并对未来改革发展做出展望。

6 月 29 日　尚福林主席在 2013 年陆家嘴论坛上发表题为“积极推进中国银行业转型发展”的讲话。

7 月 1 日　银监会会同有关部门起草的《国务院办公厅关于金融支持经济结构调整和转型升级的指导意见》印发，为更好地发挥金融对经济结构调整和转型升级的支持作用，更好地发挥市场配置资源的基础性作用，更好地发挥金融政策、财政政策和产业政策的协同作用，提出十条意见。

7月5日 银监会派代表出席国务院新闻办公室“介绍金融支持经济结构调整和转型升级有关政策吹风会”，向中外媒体解读《国务院办公厅关于金融支持经济结构调整和转型升级的指导意见》主要内容，并回答记者提问。

7月5日 银监会与国家林业局联合印发《关于林权抵押贷款的实施意见》，明确提出林农和林业生产经营者可以用承包经营的商品林做抵押，从银行贷款用于林业生产经营的需要，实现了林业资源变资本的历史性突破。

7月9—13日 银监会派代表赴美国参加第五轮中美战略与经济对话。

7月11—12日 银监会国际咨询委员会第十一次会议在北京召开。

7月15日 尚福林主席出席全国小微企业金融服务经验交流（电视电话）会议。

7月19日 银监会印发《商业银行资本监管配套政策文件》，为增强资本监管有效性，制定《中央交易对手风险暴露资本计量规则》、《关于商业银行资本构成信息披露的监管要求》、《关于商业银行实施内部评级法的补充监管要求》、《资本监管政策问答》4个资本监管配套政策文件。

7月19日 银监会印发《商业银行公司治理指引》，进一步明确今后银行业金融机构公司治理的发展方向和路径。

7月24日 尚福林主席会见尼日利亚前总统奥卢塞贡·奥巴桑乔（Olusegun Obasanjo）一行。

7月31日 银监会召开2013年上半年全国银行业监督管理工作会议暨经济金融形势分析（电视电话）会议，要求盘活存量，优化增量，更好地支持经济结构调整和转型升级；突出重点，落实责任，严守风险底线；深化改革，扩大开放，积极推动银行业转型发展；深入开展党的群众路线教育实践活动。

8月3日 中央电视台新闻联播、焦点访谈“部长访谈”播出尚福林主席关于我国银行业经营形势、风险状况和服务实体经济等热点问题的专访。

8 月 8 日　银监会会同有关部门起草的《国务院办公厅关于金融支持小微企业发展的实施意见》印发，提出进一步做好小微企业金融服务工作的八条意见。

8 月 16 日　银监会召开银监局版 EAST 系统应用推广经验交流会议，要求派出机构总结 EAST 系统建设应用经验，不断提高监管效能，推动银行业金融机构提升信息系统建设和数据治理水平。

8 月 29 日　银监会印发《关于进一步做好小微企业金融服务工作的指导意见》，强调确保实现“两个不低于”目标，进一步完善指标监测和考核体系，强化对小微企业金融服务的正向激励，鼓励银行业金融机构不断创新小微企业服务方式。

8 月 30 日　银监会召开全国银行业小微企业金融服务工作视频会议，传达国务院会议精神，要求做好“确保增长目标、完善指标体系、实施督促检查、推进机构建设、规范服务收费、加强风险管理”六项工作。

8 月 30 日　银监会印发《银行业消费者权益保护工作指引》，明确了银行业消费者权益保护内容、银行业金融机构职责和监管部门作用，填补了国内银行业消费者权益保护的制度空白。

9 月 1 日　银监会举行 2013 年“金融知识进万家”银行业金融知识宣传服务月活动启动仪式。

9 月 16 日　银监会与巴林中央银行签署《双边监管合作谅解备忘录》。

9 月 16 日　在银监会的指导下，中国银行业协会第十三次会员大会召开，提出强化有效制衡，完善公司治理；加强品牌建设，推进差异化竞争；实施风险隔离，稳妥开展综合化经营；遵循“栅栏”原则，审慎推进金融产品创新；强化集团并表，提升全面风险管理水平；加强信息披露，提高社会公信力等。

9 月 17 日　在银监会的指导下，中国融资担保业协会成立，标志着我国融资担保业规范发展和进一步走向成熟。

9月24—25日	银监会派代表赴巴塞尔出席巴塞尔银行监管委员会会议。
9月25日	银监会与哈萨克斯坦国家银行签署《双边监管合作谅解备忘录》。
9月25日	银监会与世界银行联合举办的“银行业消费者权益保护国际研讨会”在北京召开。
9月26日	在银监会的指导下，2013年全国股份制商业银行行长联席会议召开，要求股份制商业银行加强服务实体经济、支持小微企业、保证稳健合规经营、积极加快战略转型、努力促进自身可持续发展。
9月27日	银监会印发《关于改进农民工金融服务工作的通知》，要求银行业金融机构持续改进城镇化过程中农民工金融服务工作，提高农民工金融服务的契合度，引导银行业金融机构持续做好新时期农民工金融服务工作。
9月28日	银监会印发《关于中国（上海）自由贸易试验区银行业监管有关问题的通知》，明确提出支持中资银行入区发展、支持区内设立非银行金融公司、支持外资银行入区经营、支持民间资本进入区内银行业、鼓励开展跨境投融资服务、支持区内开展离岸业务、简化准入方式、完善监管服务体系等八项措施。
10月10日	巴塞尔银行监管委员会发布中国资本监管规则与国际资本监管规则一致性的评估报告，对中国银行业的监管制度做出积极正面的评价。
10月15日	银监会派代表出席第五次中英经济财金对话。
10月15日	银监会发布主席令，修订完善《中国银监会中资商业银行行政许可事项实施办法》，进一步简政放权，充分发挥保留行政许可项目的风险防范作用，并通过实施差异化准入政策引导银行业服务实体经济。
10月24日	尚福林主席会见美国联邦存款保险公司主席马丁•克鲁恩博格（Martin Gruenberg）。
10月30日—11月2日、11月13—15日	银监会牵头会同国家工商总局、国家税务总局开展小微企业金融服务督查工作。

11 月 3—4 日	尚福林主席在福州出席全国银行业化解产能过剩暨践行绿色信贷会议并发表讲话。
11 月 8 日	银监会派代表赴莫斯科出席金融稳定理事会全体会议。
11 月 12 日	银监会召开 2013 年市场准入工作联席会议，提出“转变政府职能、促进改革转型、有序扩大开放、坚守风险底线”的准入工作指导原则。
11 月 14 日	银监会发布主席令，修订完善《消费金融公司试点管理办法》，针对主要出资人条件、业务范围和经营规则等方面做出修改调整。
11 月 15 日	银监会召开 2013 年非现场监管联席会议，要求着力提升非现场监管的统一性和差异性，强化风险识别和早期预警。
11 月 18 日	尚福林主席会见耿西岛首相彼得•哈伍德（Peter Harwood）一行。
11 月 18 日	银监会发布主席令，修订完善《银行业金融机构董事（理事）和高级管理人员任职资格管理办法》，从制度上确立了高管人员任职资格核准、动态持续监管、任职资格终止等全流程监管模式。
11 月 21—22 日	银监会召开中国农业银行、中国银行监管（国际）联席会议，来自 13 个国家和地区监管当局的代表出席会议。
11 月 25 日	尚福林主席会见法国金融市场管理局（AMF）主席吉拉德•拉米克斯（Gerard Rameix）一行。
11 月 26 日	尚福林主席会见法国央行行长诺瓦耶（Christian Noyer）。
11 月 26 日	银监会派代表出席首轮中法高级别经济财金对话。
11 月 29 日	在银监会的指导下，全国企业集团财务公司 2013 年年会召开，提出做大资金归集、做活市场融资、做实资产交易、做长服务链条、做全中间业务、做细风险管理六大发展取向。

12月3日	中国银行业信息科技风险管理2013年会暨银行业信息科技风险管理高层指导委员会全体会议在浙江召开。
12月9日	第七次中新银行业监管磋商在成都召开。
12月10日	银监会会同有关部门起草的《国务院办公厅关于加强影子银行监管有关问题的通知》印发，明确影子银行监管思路和职责。
12月19日	银监会召开2013年现场检查工作联席会议，讨论2014年现场检查计划，探讨完善现场检查体制机制，进一步提高现场检查有效性。
12月19日	在银监会的指导下，2013年中国信托业年会召开，提出从公司治理、产品登记、分类经营、资本约束、社会责任、恢复与处置、行业稳定、监管评价八个方面研究完善信托业治理体系和现代治理能力建设。

附录 6　主要名词术语解释

机构类型/名称	文中释义	统计口径
银行业金融机构	包括政策性银行及国家开发银行、大型商业银行、股份制商业银行、城市商业银行、农村合作金融机构、邮政储蓄银行、金融资产管理公司、外资银行、中德住房储蓄银行、非银行金融机构和新型农村金融机构	包括政策性银行及国家开发银行、大型商业银行、股份制商业银行、城市商业银行、农村合作金融机构、邮政储蓄银行、外资银行、中德住房储蓄银行、非银行金融机构和新型农村金融机构
政策性银行及国家开发银行	包括国家开发银行、中国进出口银行和中国农业发展银行	（同左栏）
商业银行	包括大型商业银行、股份制商业银行、城市商业银行、农村商业银行和外资银行	（同左栏）
主要商业银行	包括大型商业银行和股份制商业银行	（同左栏）
大型商业银行	包括中国工商银行、中国农业银行、中国银行、中国建设银行和交通银行	（同左栏）
中小商业银行	包括股份制商业银行和城市商业银行	（无）
股份制商业银行	包括中信银行、中国光大银行、华夏银行、广发银行、平安银行、招商银行、上海浦东发展银行、兴业银行、中国民生银行、恒丰银行、浙商银行和渤海银行	（同左栏）
金融资产管理公司	包括中国华融资产管理股份有限公司、中国长城资产管理公司、中国东方资产管理公司和中国信达资产管理股份有限公司	（同左栏）
非银行金融机构	包括信托公司、企业集团财务公司、金融租赁公司、货币经纪公司、汽车金融公司和消费金融公司	（同左栏）
农村中小金融机构	包括农村合作金融机构和新型农村金融机构	（无）
农村合作金融机构	包括农村信用社、农村合作银行和农村商业银行	（同左栏）
新型农村金融机构	包括村镇银行、贷款公司和农村资金互助社	（同左栏）

银监会系统职工摄影作品

11

附表

附表 1：银行业金融机构总资产情况表（2003—2013 年）

附表 2：银行业金融机构总负债情况表（2003—2013 年）

附表 3：银行业金融机构所有者权益情况表（2003—2013 年）

附表 4：银行业金融机构存贷款情况表（2003—2013 年）

附表 5：银行业金融机构税后利润情况表（2007—2013 年）

附表 6：银行业金融机构盈利性情况表（2007—2013 年）

附表 7：银行业金融机构不良贷款情况表（2010—2013 年）

附表 8：银行业金融机构流动性比例情况表（2007—2013 年）

附表 9：商业银行不良贷款、拨备覆盖率及准备金情况表（2007—2013 年）

附表 10：商业银行不良贷款分机构情况表（2013 年）

附表 11：商业银行不良贷款分行业情况表（2013 年）

附表 12：商业银行不良贷款分地区情况表（2013 年）

附表 13：商业银行资本充足率情况表（2010—2013 年）

附表 14：现场检查情况表（2003—2013 年）

附表 15：银行业金融机构法人机构和从业人员情况表（截至 2013 年底）

附表 1 银行业金融机构总资产情况表（2003—2013 年）

单位：亿元

机构／年份	2003 年	2004 年	2005 年	2006 年	2007 年	2008 年	2009 年	2010 年	2011 年	2012 年	2013 年
银行业金融机构	276,584	315,990	374,697	439,500	531,160	631,515	795,146	953,053	1,132,873	1,336,224	1,513,547
政策性银行及国家开发银行	21,247	24,123	29,283	34,732	42,781	56,454	69,456	76,521	93,133	112,174	125,278
大型商业银行	160,512	179,817	210,050	242,364	285,000	325,751	407,998	468,943	536,336	600,401	656,005
股份制商业银行	29,599	36,476	44,655	54,446	72,742	88,337	118,181	149,037	183,794	235,271	269,361
城市商业银行	14,622	17,056	20,367	25,938	33,405	41,320	56,800	78,526	99,845	123,469	151,778
农村商业银行	385	565	3,029	5,038	6,097	9,291	18,661	27,670	42,527	62,751	85,218
农村合作银行	—	—	2,750	4,654	6,460	10,033	12,791	15,002	14,025	12,835	12,322
城市信用社	1,468	1,787	2,033	1,831	1,312	804	272	22	30	—	—
农村信用社	26,509	30,767	31,427	34,503	43,434	52,113	54,945	63,911	72,047	79,535	85,951
非银行金融机构	9,100	8,727	10,162	10,594	9,717	11,802	15,504	20,896	26,067	32,299	39,681
外资银行	4,160	5,823	7,155	9,279	12,525	13,448	13,492	17,423	21,535	23,804	25,628
新型农村金融机构和邮政储蓄银行	8,984	10,850	13,787	16,122	17,687	22,163	27,045	35,101	43,536	53,511	62,110

注：2003—2006 年为境内合计，2007—2013 年为法人合计。

附表 2 银行业金融机构总负债情况表（2003—2013 年）

单位：亿元

机构 / 年份	2003 年	2004 年	2005 年	2006 年	2007 年	2008 年	2009 年	2010 年	2011 年	2012 年	2013 年
银行业金融机构	265,945	303,253	358,070	417,106	500,763	593,614	750,706	894,731	1,060,779	1,249,515	1,411,830
政策性银行及国家开发银行	20,291	23,005	27,760	33,006	39,203	52,648	65,393	72,159	88,231	106,647	118,966
大型商业银行	154,002	172,180	200,453	228,824	269,176	306,142	386,036	440,332	502,591	560,879	611,611
股份制商业银行	28,621	35,333	43,320	52,542	69,350	83,924	112,541	140,872	173,000	222,130	253,438
城市商业银行	14,123	16,473	19,540	24,723	31,521	38,651	53,213	73,703	93,203	115,395	141,804
农村商业银行	380	538	2,873	4,789	5,767	8,756	17,546	25,643	39,208	57,841	78,492
农村合作银行	—	—	2,574	4,359	6,050	9,381	11,940	13,887	12,959	11,796	11,232
城市信用社	1,464	1,766	2,001	1,781	1,247	757	255	21	24	—	—
农村信用社	26,646	30,035	30,106	33,005	41,567	49,893	52,601	61,118	68,575	75,521	81,434
非银行金融机构	7,683	7,745	9,126	9,424	7,961	9,492	12,649	17,063	21,310	26,194	31,952
外资银行	3,751	5,329	6,530	8,532	11,353	12,028	11,818	15,569	19,431	21,249	22,896
新型农村金融机构和邮政储蓄银行	8,984	10,850	13,787	16,122	17,568	21,942	26,713	34,365	42,247	51,712	59,812

注：2003—2006 年为境内合计，2007—2013 年为法人合计。

附表 3 银行业金融机构所有者权益情况表(2003—2013 年)

单位：亿元

机构/年份	2003 年	2004 年	2005 年	2006 年	2007 年	2008 年	2009 年	2010 年	2011 年	2012 年	2013 年
银行业金融机构	10,639	12,737	16,627	22,394	30,396	37,900	44,441	58,322	72,094	86,708	101,716
政策性银行及国家开发银行	957	1,118	1,523	1,726	3,578	3,806	4,063	4,363	4,902	5,527	6,312
大型商业银行	6,509	7,637	9,597	13,540	15,824	19,608	21,962	28,611	33,745	39,522	44,394
股份制商业银行	977	1,143	1,335	1,904	3,392	4,414	5,640	8,166	10,794	13,142	15,922
城市商业银行	499	584	827	1,215	1,883	2,669	3,587	4,822	6,641	8,075	9,974
农村商业银行	5	27	156	249	330	534	1,115	2,026	3,320	4,910	6,726
农村合作银行	—	—	177	295	410	653	851	1,115	1,066	1,039	1,090
城市信用社	4	20	32	50	64	47	17	2	5	—	—
农村信用社	- 137	732	1,320	1,497	1,867	2,220	2,344	2,793	3,471	4,014	4,517
非银行金融机构	1,417	982	1,036	1,170	1,756	2,310	2,855	3,833	4,757	6,105	7,728
外资银行	408	494	625	747	1,172	1,420	1,674	1,854	2,104	2,555	2,732
新型农村金融机构和邮政储蓄银行	0	0	0	0	120	221	332	736	1,289	1,799	2,297

注：2003—2006 年为境内合计，2007—2013 年为法人合计。

附表 4 银行业金融机构存贷款情况表（2003—2013 年）

单位：亿元

项目／年份	2003 年	2004 年	2005 年	2006 年	2007 年	2008 年	2009 年	2010 年	2011 年	2012 年	2013 年
各项存款	220,364	253,188	300,209	348,016	401,051	478,444	612,006	733,382	826,701	943,102	1,070,588
其中：储蓄存款	110,695	126,196	147,054	166,616	176,213	221,503	264,761	307,166	347,401	403,704	451,827
各项贷款	169,771	188,566	206,839	238,280	277,747	320,129	425,597	509,226	581,893	672,875	766,327
其中：短期贷款	87,398	90,808	91,158	101,698	118,898	128,609	151,353	171,237	217,480	268,152	311,772
中长期贷款	67,252	81,010	92,941	113,010	138,581	164,195	235,579	305,128	333,747	363,894	410,346
票据融资	9,234	11,618	16,319	17,333	12,884	19,314	23,879	14,845	15,154	20,447	19,616

注：本表数据来源于人民银行。

附表 5 银行业金融机构税后利润情况表（2007—2013 年）

单位：亿元

机构／年份	2007 年	2008 年	2009 年	2010 年	2011 年	2012 年	2013 年
银行业金融机构	4,467.3	5,833.6	6,684.2	8,990.9	12,518.7	15,115.5	17,444.6
政策性银行及国家开发银行	489.3	229.8	352.5	415.2	536.7	736.3	922.1
大型商业银行	2,466.0	3,542.2	4,001.2	5,151.2	6,646.6	7,545.8	8,382.3
股份制商业银行	564.4	841.4	925.0	1,358.0	2,005.0	2,526.3	2,945.4
城市商业银行	248.1	407.9	496.5	769.8	1,080.9	1,367.6	1,641.4
农村商业银行	42.8	73.2	149.0	279.9	512.2	782.8	1,070.1
农村合作银行	54.5	103.6	134.9	179.0	181.9	172.2	162.1
城市信用社	7.7	6.2	1.9	0.1	0.2	—	—
农村信用社	193.4	219.1	227.9	232.9	531.2	654.0	729.2
非银行金融机构	333.8	284.5	298.7	408.0	598.8	825.5	1,059.7
外资银行	60.8	119.2	64.5	77.8	167.3	163.4	140.3
新型农村金融机构和邮政储蓄银行	6.5	6.5	32.2	119.0	257.9	340.7	390.3

附表 6 银行业金融机构盈利性情况表（2007—2013 年）

单位：百分比

项目 / 年份	2007 年	2008 年	2009 年	2010 年	2011 年	2012 年	2013 年
银行业金融机构							
资产利润率	0.9	1.0	0.9	1.0	1.2	1.2	1.2
资本利润率	16.7	17.1	16.2	17.5	19.2	19.0	18.5
其中：商业银行							
资产利润率	0.9	1.1	1.0	1.1	1.3	1.3	1.3
资本利润率	16.7	19.5	18.0	19.2	20.4	19.8	19.2

附表 7 银行业金融机构不良贷款情况表（2010—2013 年）

单位：亿元，百分比

项目 / 年份	2010 年	2011 年	2012 年	2013 年
不良贷款余额	12,437.0	10,533.4	10,746.3	11,762.7
次级	5,852.5	4,784.3	5,270.6	5,649.4
可疑	4,967.8	4,400.9	4,386.7	4,899.4
损失	1,616.7	1,348.1	1,089.0	1,213.9
不良贷款率	2.4	1.8	1.6	1.5
次级	1.1	0.8	0.8	0.7
可疑	1.0	0.7	0.6	0.6
损失	0.3	0.2	0.2	0.2

附表 8 银行业金融机构流动性比例情况表（2007—2013 年）

单位：百分比

机构 / 年份	2007 年	2008 年	2009 年	2010 年	2011 年	2012 年	2013 年
银行业金融机构	40.3	49.8	45.7	43.7	44.7	47.8	46.0
其中：商业银行	37.7	46.1	42.4	42.2	43.2	45.8	44.0

附表 9 商业银行不良贷款、拨备覆盖率及准备金情况表（2007—2013 年）

单位：亿元，百分比

项目 / 年份	2007 年	2008 年	2009 年	2010 年	2011 年	2012 年	2013 年
不良贷款余额	12,701.9	5,635.4	5,066.8	4,336.0	4,278.7	4,928.5	5,921.3
次级	2,192.3	2,640.0	2,112.0	1,619.3	1,725.2	2,176.2	2,537.8
可疑	4,626.2	2,419.1	2,320.5	2,052.2	1,883.5	2,122.4	2,574.1
损失	5,883.3	576.2	634.3	664.5	670.1	630.0	809.4
不良贷款率	6.1	2.4	1.6	1.1	1.0	1.0	1.0
次级	1.0	1.1	0.7	0.4	0.4	0.4	0.4
可疑	2.2	1.0	0.7	0.5	0.4	0.4	0.4
损失	2.8	0.2	0.2	0.2	0.2	0.1	0.1
各项资产减值准备金	6,029.6	7,801.4	8,750.5	10,308.1	12,677.1	15,307.9	17,551.1
拨备覆盖率	41.4	116.6	153.2	217.7	278.1	295.5	282.7

附表 10 商业银行不良贷款分机构情况表（2013 年）

单位：亿元，百分比

项目 / 机构	商业银行合计	大型商业银行	股份制商业银行	城市商业银行	农村商业银行	外资银行
不良贷款余额	5,921.3	3,500.5	1,090.8	548.2	725.5	56.3
次级	2,537.8	1,252.1	599.4	326.3	338.8	21.1
可疑	2,574.1	1,705.4	323.0	163.3	356.5	25.8
损失	809.4	543.0	168.4	58.5	30.2	9.4
不良贷款率	1.0	1.0	0.9	0.9	1.7	0.5
次级	0.4	0.4	0.5	0.5	0.8	0.2
可疑	0.4	0.5	0.3	0.3	0.8	0.2
损失	0.1	0.2	0.1	0.1	0.1	0.1

附表11 商业银行不良贷款分行业情况表(2013年)

单位:亿元,百分比

行业/项目		不良贷款余额	不良贷款比率
A	农、林、牧、渔业	263.9	2.27
B	采矿业	48.8	0.31
C	制造业	2,149.8	1.79
D	电力、热力、燃气及水的生产和供应业	137.0	0.51
E	建筑业	128.6	0.50
F	批发和零售业	1,700.4	2.16
G	交通运输、仓储和邮政业	323.9	0.68
H	住宿和餐饮业	78.6	1.27
I	信息传输、软件和信息技术服务业	28.2	0.95
J	金融业	3.3	0.12
K	房地产业	214.4	0.48
L	租赁和商务服务业	77.9	0.29
M	科学研究和技术服务	8.4	0.68
N	水利、环境和公共设施管理业	22.2	0.11
O	居民服务、修理和其他服务业	34.0	1.05
P	教育	23.2	0.89
Q	卫生和社会工作	4.7	0.18
R	文化、体育和娱乐业	9.7	0.57
S	公共管理、社会保障和社会组织	7.9	0.32
T	国际组织	0.0	0.00
	个人贷款(不含个人经营性贷款)	639.6	0.53
	信用卡	258.8	1.28
	汽车	24.6	2.04
	住房按揭贷款	225.8	0.26
	其他	130.3	0.93

附表 12 商业银行不良贷款分地区情况表（2013 年）

单位：亿元，百分比

地区 / 项目	不良贷款余额	不良贷款率
总行	416.5	1.28
东部地区	3,931.2	1.12
北京	176.9	0.54
天津	121.8	0.79
河北	108.0	0.64
辽宁	233.1	1.18
上海	313.1	0.91
江苏	717.5	1.23
浙江	1,035.7	1.98
福建	246.3	1.22
山东	426.7	1.17
广东	541.9	0.86
海南	10.3	0.49
中部地区	894.5	0.99
山西	107.2	1.04
吉林	58.9	0.87
黑龙江	53.2	0.91
安徽	147.1	1.03
江西	116.7	1.28
河南	127.9	0.82
湖北	161.1	1.02
湖南	122.3	0.99
西部地区	663.4	0.67
重庆	51.7	0.35
四川	173.0	0.79
贵州	44.9	0.69
云南	58.2	0.56
西藏	4.5	0.45
陕西	77.7	0.68
甘肃	23.4	0.55
青海	21.7	1.08
宁夏	22.1	0.84
新疆	46.7	0.80
广西	61.1	0.69
内蒙	78.3	0.88
境内小计	5,905.5	1.03
境外分行	15.8	0.08

附表13 商业银行资本充足率情况表（2010—2013年）

单位：亿元，百分比

项目/年份	2010—2012年			项目/年份	2013年
	2010年	2011年	2012年	核心一级资本净额	75,793.2
核心资本	42,985.1	53,366.6	64,340.1	一级资本净额	75,793.2
附属资本	10,294.5	14,417.6	17,585.1	资本净额	92,856.1
资本扣减项	3,196.4	3,735.4	4,057.1	信用风险加权资产	696,582.6
表内加权风险资产	355,371.1	431,420.7	506,604.1	市场风险加权资产	6,066.5
表外加权风险资产	53,233.7	68,819.0	76,108.0	操作风险加权资产	59,124.0
市场风险资本	273.3	296.3	388.4	核心一级资本充足率	9.9
资本充足率	12.2	12.7	13.3	一级资本充足率	9.9
核心资本充足率	10.1	10.2	10.6	资本充足率	12.2

注：我国自2013年1月1日起施行《商业银行资本管理办法（试行）》（以下简称《新办法》），原《商业银行资本充足率管理办法》同时废止，因此，自2013年1季度起，表中披露的资本充足率相关指标调整为按照《新办法》计算的数据结果。

附表14 现场检查情况表（2003—2013年）

单位：亿元，家，人，百分比

项目/年份	2003年	2004年	2005年	2006年	2007年	2008年	2009年	2010年	2011年	2012年	2013年
查处违规金额	1,768	5,840	7,671	10,147	8,555	12,883	11,514	15,370	12,634	11,565	23,165
处罚违规银行业金融机构	1,512	2,202	1,205	1,104	1,360	873	4,212	2,312	1,977	1,553	1,341
取消高级管理人员任职资格	257	244	325	243	177	78	86	49	66	55	38
现场检查平均机构覆盖率	28	36	34	35	42	24	30	27	19	20	16

注：本表含分支机构数据。

附表 15　银行业金融机构法人机构和从业人员情况表（截至 2013 年底）

单位：人，家

机构 / 名称	从业人员数	法人机构数
大型商业银行合计	1,720,705	5
政策性银行合计	63,059	3
股份制商业银行合计	364,103	12
城市商业银行	278,470	145
农村信用社	473,874	1,803
农村商业银行	284,294	468
农村合作银行	48,578	122
企业集团财务公司	8,568	176
信托公司	13,961	68
金融租赁公司	2,335	23
汽车金融公司	5,232	17
货币经纪公司	538	5
消费金融公司	901	4
资产管理公司	8,082	4
外资金融机构	45,424	42
其他机构	232,303	1,052
银行业金融机构合计	3,550,427	3,949

注：其他机构包括新型农村金融机构、邮政储蓄银行和中德住房储蓄银行。

本年报主编: 杨家才

执行编辑: 王俊寿、杨东宁、尹小贝、刘荣、张俊潼、王飞、甘煜、宋李健、贾晶磊、宋永明、胡美军、王瑾、张晶晶、董夙、李星昊、张京、王晓腾、高嵩、王颖、曹玥兆、徐自华

英文校译: 张利星、卢巍、吴婕、李伟、张璐、朱玲、文旸松、何宇晨

参写人员: 单明伟、郑金宇、刘省非、张坤、邱乔红、姜丰森、高亮、王云、邓丽波、裴誉、李扬、罗晓强、胡晗、陈锋、张小霞、齐亚莉、张博程、甘志、陈炫桦

插页图片及照片均为银监会系统职工摄影作品，由邓丽波、丁慧、段昆仑、方怡、高亮、何晓帅、李靖、李罗毅、李曦文、梁峰、卢清波、穆学凤、屈妍妍、王明昕、王亚斌、王瑒、韦艾君、翁长华、杨旸、易周、战伟宏（按姓氏拼音排序）等同志友情提供。特此鸣谢。